코끼리를 삼킨 사물들

함돈균 지음

코끼리를 삼킨 사물들

보이지 않는 것에 닿는 사물의 철학

5 0123345

세종
서적

존재의 깊이에 닿는
대화를 꿈꾸며

1.

생텍쥐페리(Saint-Exupéry)의 소설 『어린 왕자(Le Petit Prince)』의 주제는 화자인 '나'가 자기 어린 시절의 체험을 진술하는 첫머리에 이미 제시되어 있다고 해야 할 것이다. 어린이인 '나'는 한 '사물'의 그림을 어른들에게 보여주며 이것이 무엇인지 묻는다. 겉으로 보기엔 물어보나 마나 한 이 질문을 접하면서 어른들은 예외 없이 이 사물이 '모자'라고 말한다. 하지만 화자인 '나'는 이 사물이 '코끼리를 삼킨 보아뱀'이라는 사실을 알고 있다. 이 장면은 이 소설이 사물에 관한 인식을 다루는 작품이라는 점을 암시한다.

어른과 '나'의 이러한 인식 차이는 왜 생기는 것일까. 작가는 『어린 왕자』를 통해 이 차이를 매우 흥미롭고 감동적으로 다루지만, 일상의 인공 사물을 나름의 방식으로 탐구해보고 있는 내 관점에서는 그 차이를 이렇게 요약할 수도 있다. 어른들은 사물의 겉모양새를 인식의 근거로 삼는 반면 나-어린 왕자는 표면 너머를 보며 사물의 깊이에 닿는다. 어른들은 눈에 보이는 것이 전부라고 생각하는 데 반해 나-어린 왕자는 눈에 보이는 것이 전부가 아니라 생각하고, 오히려 보이지 않는 것들 중에 중요한 것이 자리하는 경우가 더 많다고 여긴다. "사막이 아름다운 것은 어딘가에 우물을 숨기고 있기 때문이야."와 같은 어린 왕자의 말은 이런 생각을 반영한다.

　물론 이런 방식의 사고법은 어린 왕자가 처음 제기한 것은 아니다. 예컨대 서른 살 청년 예수가 세상에 나아가기 직전에 사탄과 주고받은 문답도 이와 같은 종류의 생각이다. 광야에서 사탄과 마주한 예수는 자신이 신의 아들임을 증명해야 하는 순간에 놓였다. 그때 사탄은 세 가지 수수께끼를 예수에게 던지는데, 표현의 형태는 달라도 그 내용은 하나의 의미를 향해 집중되어 있다. 그 질문들 중 하나는 이런 식이었다. "예수야, 네 주위에 있는 돌들을 빵으로 만들어보아라. 그럼 나는 네가 신의 아들이라는 것을 인정해주겠다." 그러나 예수는 그 요구에 응하지 않고 대신 모호한 대답을 사탄에게 수수께끼처럼 되돌려준다. "사람은 빵으로 사는 게 아니라 신의 말씀으로 산다."라고 말이다. 이 장면에서 예수는 사탄의 질문-요구에 응하지 않는 힘 자체가 '능력'이라는 사실을 역설적으로 보여준다. 이것이

'능력'이라는 점은 아이러니하다. 거의 모든 군중(인간)은 돌을 빵으로 만드는 힘을 능력으로 인식하는데 예수는 그것을 보여주지 못하므로, 아니 보여주지 않으므로 무능력한 존재로 여겨질 것이 분명했기 때문이다.

작가 도스토옙스키(Dostoevskii)는 『카라마조프가의 형제들(Bratya Karamazovy)』에서 이 유명한 장면을 다루면서, 예수가 인민재판에 의해 십자가에 못 박힌 가장 결정적인 이유는 바로 군중이 원하는 능력을 그가 보여주지 못했기(않았기) 때문이라고 해석한다. 도스토옙스키가 판단하기에 군중이란 이름은 눈에 보이는 '능력'—대체로 이것은 생활에서의 실제 쓸모와 관련된다—을 추종하는 무리를 일컫는데 예수는 이와 반대되는 것을 실천한다. 그는 군중이 능력이라고 여기는 것을 폐기하고, 그들이 무능력이라고 폄하하는 것을 생명의 새로운 실천 지침으로 제시한다. "사람은 빵이 아니라 신의 말씀으로 산다."라고 말할 때의 '신의 말씀'이 바로 그것이다. 그러나 일상인의 감각에서 '신의 말씀'이 어떻게 인식될 수 있을까. '말씀'은 빵처럼 생활의 필요를 즉각적으로 해결해주지 못하는 데다 눈에도 안 보이지 않는가. 하지만 예수는 눈에 보이지 않는 그 어떤 것에 진정한 삶의 길이 있으며, 그것을 따르는 것이 천상의 길이라는 논리를 제시한다. 그것은 '너머의 논리'이며 '깊이의 길'이다.

다시 『어린 왕자』로 돌아와 생각해보면 예수가 얘기한 '신의 말씀'

에 해당하는 것이 바로 '보아뱀 속의 코끼리'다. 어린 왕자가 우주의 수많은 소행성에서 만난 이들이 그러하듯, 표면에만 집착하는 지구의 어른들은 절대로 보지 못하는 존재의 핵심이 거기에 있다.

2.

어른들과 나-어린 왕자가 인식 면에서 갖는 결정적 차이는 '사물'을 대하는 접근 방식에 있다. 어린 왕자가 소행성들을 여행하며 만난 어른들은 자본가, 교수, 왕, 공무원 등이었다. 소설에서 이들은 사람과 사물의 세계를 즉각적인 쓸모의 차원에서만 바라본다는 공통점을 갖고 있다. 쓸모-필요-유용성만으로 사물들을 본다는 것은 그들이 세계 전체를 도구적 가치로만 여긴다는 걸 뜻한다. 우리의 세계, 특히 과학기술이 현저히 발달하여 인공 사물의 즉각적 유용성이 작동하지 않는 곳이 없는 세계에서 이러한 관점은 불가피한 것일지 모르겠으나, 어린 왕자는 이 관점이 인간이 세계와 대면하는 유일한 관점이 아니라는 사실을 말하고 싶어 한다.

철학자 발터 벤야민(Walter Benjamin)은 자신의 사색을 담은 메모에서 '아이들은 늘 폐기물에 이끌린다'는 표현을 쓴 적이 있다. 짓다만 건물, 무너져가는 폐가, 쓰레기더미처럼 어른들은 별 흥미를 느끼지 못하는 인공 사물에서 아이들은 천진한 놀이터를 발견한다는 것이다. 늘 수수께끼처럼 말하는 벤야민은 이 표현에 대해서도 충분한 설명을 덧붙이지 않았지만, 어린 왕자의 관점은 벤야민의 생각을 짐작하는 데도 참조가 될 수 있다. 어른들이 인공 사물들의 더미에서 보는 것은 표면의 폐허인 데 비해 아이들의 시선은 표면 너머에 닿는다. 즉각적인 쓸모의 관점으로만 사물들을 쳐다보는 어른들과 달리 아이들은 쓸모를 망각한 채 존재의 다면성과 만나는 일이 많은 것이다. 그렇다면 인공 사물은 '쓸모-필요-유용성'의 목적을 지닌 '도구' 이상의 그 무엇일 수 있는 걸까.

벤야민의 열렬한 해석자 조르조 아감벤(Giorgio Agamben)이 이야기한 '유년기 체험' 같은 것을 하나의 해석적 아이디어로 참조해보자. 사람에게 유년기가 있는 것처럼, 사물에도 유년기가 있을 수 있다고 말이다. 모든 사물이 세상에 출현하는 최초의 순간을 떠올려보라. 한 인공 사물의 출현에는 설사 우연에 불과한 것일지라도 그 시각 인류가 당면한 크고 작은 문제들이 얽혀 있으며, 필요-해결-진보를 향한 인류의 꿈이 깃들어 있다. 하나의 필요는 곧 여러 사람의 필요와도 연관되는데, 이는 하나의 필요가 여러 차원의 필요의 연쇄 속에 존재한다는 뜻이기도 하다. 어떤 도구가 업그레이드되면 이전 버전의 도구는 즉각적인 쓸모만을 따지는 관점에 따라 순식간에 폐기물로 전락해버리지만, 어린이들은 그 자신이 유년기 존재이기에 폐기물이 된 사물들에서조차 그것들이 최초로 등장했던 순간에 지녔던 꿈과 설렘을 지속할 수 있다.

3.

사람살이는 곧 인공 사물과 관계 맺는 일이다. 삶은 도구와의 관계 연속성 안에 있다. 사람들은 흔히 사람과 사람이 맺는 관계의 연속이 인생(人生)이라 생각하지만, 구체적으로 생각해보면 우리는 사람보다 도구들과 만나는 시간이 더 길다. 도구는 사람이 혼자 있을 때에도, 심지어는 그 자리에 없을 때에도 존재하니까.

서양 철학사에 파란을 일으킨 독일의 철학자 하이데거(Heidegger)는 20세기 초중반에 '세계'를 사람과 도구가 맺는 의미 연관의 생태계로 규정한 바 있지만, 21세기인 지금은 그 의미가 역설적으로 이해되거나 재규정되어야 할 시점일지도 모른다. 사물인터넷과 인공지능이 출현하는 세계는 사람의 삶에서부터 출발한 도구가 자율적 인지 능력과 활동성을 갖게 되며, 그것들 스스로 독자적 생태계를 구축할 수 있는 새로운 생명-세계가 나타났음을 뜻한다. 사람의 쓸모와 관련되는 인공 사물이라는 점에서 그것들은 인간의 도구임이 분명하지만, 자율성을 갖는다는 차원에서 봤을 때에도 그것들이 반드시 사람을 위해 전적으로 봉사하는 '도구'라 할 수 있는지에 대해서는 논란이 일어날 수 있는 시대가 도래하고 있다. 그런 경우 인공 사물을 사람의 쓸모에 전적으로 복속시키는 방식으로 지배하고 활용하며 마음대로 폐기하는 일은 과연 예전처럼 쉽게 정당화될 수 있을까. 하이데거가 규정한 '세계'가 반드시 인간의 세계일 수 있는가

하는 식의 새로운 질문도 이에 꼬리를 물고 이어질 수 있으리라.

　그러나 나는 새로운 차원의 인공 사물들이 등장하는 이러한 현상이 갑작스러운 것은 아니라고 생각한다. 기술 문명의 특이점에 서 있는 현재 역시 도구를 매개로 이루어져온 문명의 역사적 흐름 속에 있는 것이기 때문이다. 그래서 나는 오히려 거꾸로 묻는다. 사람들이 호들갑을 떨고 때로는 일말의 불안마저 느끼는 인공 사물─도구의 자율성은 오직 디지털 시대의 새로운 산물일 뿐인가.

　이 책의 전편(前篇)이라 할 수 있는 『사물의 철학』에서 그랬듯 이 책에 등장하는 사물들 중에도 디지털 시대의 산물이라 할 만한 것은 거의 없다. 하지만 이 두 권의 책에서 나는 '사물들에겐 나름의 자율성이 존재한다'는 전제를 유지하며 사물들을 관찰했다. 물론 여기에서의 '자율성'이 인공지능 시대, 사물인터넷 시대가 전면적으로 내세우는 자율성과 동일한 것이라고는 말할 수 없으나, 전혀 다른 맥락의 것이라고 할 수도 없다. 내가 강조하고 싶은 것은 비록 인공 사물이 사람의 쓸모 때문에 출현한 것이긴 하지만 그것을 사람이 전적으로 제어할 수 있는 '도구'라고 생각하는 것은 착각일 수 있다는 점이다. 사람은 인공 사물의 주인이라기보다는 그것에 크게 의존하는 노예일 수 있다. 간단해 보이는 인공 사물에 대해서조차 그것에 깃든 존재의 다의성을 충분히 이해하고 있는 이는 많지 않다. 사물들 중에는 최초의 쓸모와 현재의 쓸모가 정확히 부합하지 않는 것도 있는가 하면, 사람들의 생각이나 의도와 전혀 다른 독자적 방식으로 진화하는 것도 있다. 비록 사물인터넷 시대의 디지털데이터 형태는 아니지만 사물은 이미 그 자체로 인간과 인간 너머에 대해 얘기하고 있는 데이터다. 인공 사물들은 인간 곁에 도처에 놓여 있음에도 의외로 평소 그것들의 존재는 잘 인식되지 않는다.

4.

2013년부터 「매일경제신문」에 연재했던 '사물의 철학' 코너가 『사물의 철학』으로 묶여 2015년에 출간된 후 꼭 3년이 지났다. 출간 이후 나는 그 책이 담고 있는 사물들의 수만큼이나 다양한 장소에서 다양한 사람들과 만나 유쾌하고 진지한 대화를 나눌 기회를 가졌다. 『사물의 철학』이 내게 준 가장 큰 선물은 바로 이 대화의 기회였다. 세상의 모든 대화 중 아마도 책을 매개로 한 대화만큼이나 흥미진진한 것도 흔치 않으리라. 이런 대화가 더 흥미로웠던 까닭은 대화 현장에 모인 시민들이 공유할 수 있는 공동 경험의 테이블 위에 놓인 일상의 사물, 바로 그것을 그 책이 다루고 있었기 때문이다. 누구나 연필을 사용해서 글씨를 써본 경험이 있고, 의자에 앉아 책을 읽어본 일이 있으며, 옷과 가방에 달린 지퍼를 잠그고, 가로등 불빛이 내리는 밤길을 걸어가는 일상을 산다. 누구는 알고 있지만 누구는 모르는 대상이나 지식에 관한 이야기가 아니라 우리 모두가 경험적으로 알고 있는 대상을 통해 함께 이야기를 시작할 수 있다는 것은 얼마나 흥미로운 일인가. 그러나 내가 이 대화에서 추구했던 것은 공동의 상식적 시각이 아닌, 오히려 그것에서 벗어나거나 넘어선 시각이었다. 표면의 모자가 아니라 코끼리를 삼킨 보아뱀, 보아뱀 속의 코끼리를 보는 너머의 눈, 존재의 깊이에 닿는 대화 말이다.

나는 사물을 다룬 이 두 번째 책에서 계단, 칫솔, 스쿨버스, 단추, 사다리, 좌변기, 텀블러, 콘센트 등 우리에게 이미 익숙한 인공 사물들에 대해 또 한 번 이야기하려고 한다. 그러나 대화의 목표는 역시 새로운 시각의 기회를 갖는 것이다. 마치 낡은 사물에서 빛나는 비유를 창조하는 시인처럼 가장 익숙한 것으로부터 낯선 질문을 발명할 수 있다면, 이는 얼마나 흥미진진한 지적 여행이 될 것인가. 내가 그런 경험을 할 수 있었던 것처럼 독자들도 이 책을 읽어가는 과정에서, 우리 주변의 사물들은 외양 그대로의 것이 아니라 실은 '코끼리를 삼킨(숨기고 있는) 어떤 것들'임을 볼 수 있는 눈을 갖게 된다면 참 좋겠다. 그때 당신은 이미 '어린 왕자'가 되어 있는 '나'를 확인하게 될 것이다. 더불어 그 '어린 왕자'가 이 시대의, 이 땅의, 이 지구 문명의 역사적 경험을 공유하고 사색하고 실천하는 '시민'이 될 수 있기까지 하다면!

이 책은 문명의 도구를 통해 정치와 예술과 인문과 테크놀로지의 만남을 일상 시간 안에서 유머러스하게 주선하고, 그 새로운 만남을 시민(詩民)의 언어로 번역하고 싶은 내 일관된 소망의 산물이다. 군중의 상투적 감수성을 넘어 미래의 시간을 예감하는 질문이 담긴 '모자-컨테이너-책'이 된다면 얼마나 좋을까!

contents

가위

누가 사용하는가

가위가 하나 있다. 탁자 위에 놓여 있을까, 서랍에 들어 있을까, 아니면 연필꽂이 같은 곳에 들어가 거꾸로 세워져 있을까. 어쩌면 공중에 매달려 있거나 손잡이 쪽만 쇠고리 같은 것에 걸려 있을지도 모른다. 혹은 칼잡이의 칼처럼 누군가의 허리춤에 꽂혀 있을지도.

가위는 물리적으로 하나지만 그 의미는 다양하게 열려 있다. 초등학교 미술수업 시간의 책상 위에 놓인 가위는 색종이를 자르는 데 쓰인다. 그건 문방구다. 동네 미용실 미용사의 허리춤에는 크고 작은 여러 가위가 꽂혀 있다. 날의 모양도 조금씩 다른 미용사의 가위는 머리카락을 자른다. 머리카락에 닿은 가위는 날렵한 손놀림에 따라 우아하면서도 섬세하게 누군가의 머리 위에서 춤을 춘다. 그때 가위는 경쾌하게 노래하며 그 사람의 얼굴을 아름답게 디자인하고 있다.

　하지만 어떤 가위는 절대 머리카락이 닿으면 안 되는 용도로 쓰인다. 미용실에서라면 머리카락과 친근하게 닿아 있었을 가위가 이때는 머리카락을 혐오한다. 음식점에서 주인장이 냉면을 가위로 잘라줄 때나 엄마가 포기째 담근 배추김치를 자를 때 그렇다. 김치와 닿은 가위는 서걱서걱대기도 하고 싹뚝싹뚝 소리를 내기도 하면서 입에 침이 고인게 한 뒤, 부피가 커서 먹기 불편한 음식들을 적당한 크기로 바꾸어놓는다. 그런가 하면 가위가 생명을 위해 쓰이는 경우도 있다. 수술대 위에 놓인 가위. 그 가위를 잡고 환자의 신체를 고치는 의사의 손은 긴장되어 있다. 놀라울 정도로 기계처럼 훈련된 손에 들린 가위는 조준된 신체 부위에 오차 없이 정확하게 가 닿는다. 그러나 이 정확도는 안정감에도 불구하고 극도의 예민함에 휩싸여 있다. 가위가 놓인 공간의 절박성이 이 사물에 부여한 불가피한 에너지다. 이때 가위는 물리적이면서도 사회적으로 대상의 법률 지위를 다르게 하는 경계 위에 서게 된다. 삶과 죽음을 가르는 가위는 직접적으로는 생리적 신체와 관계하는 사물인 동시에, 대상의 생사 여부에 따라서는 그것이 닿은 육신의 사회 내 법률적 지위를 다르게 만들 수도 있다.

유희적 성격을 가지면서 동시에 그 유희성 자체를 상업적인 것으로 삼는 가위도 있다. 어릴 때 자주 들리던 엿장수 아저씨의 가위 소리. 그 가위는 아무것도 자르지 않는다. 두 개의 날이 엇갈리며 만들어내는 명랑한 율동감과 소리 자체로 음악적 퍼포먼스를 구현할 뿐이다. 지금 생각해보면 그것은 일종의 '상업(을 위한) 공연'이었다.

지렛대 원리를 바탕으로 두 개의 날이 엇갈리며 사이에 끼인 무엇인가가 잘린다. 잘리는 것의 내용은 의외로 다양하다. 이것은 가위가 자르는 사물들의 종류가 다양하다는 뜻하기도 하지만, 가위가 놓인 자리와 상황에 따라 규정되고 제한되는 다양성을 의미하는 것이기도 하다. 가위를 쥐고 있는 손의 정체성도 마찬가지로 그 상황 속에서 제한되고 규정된다. 비트겐슈타인(Wittgenstein)이라는 언어철학자는 말의 의미란 그 자체로 규정되는 것이 아니라 말이 쓰이는 상황에 의한 것이라고 설명한다. '말'이라는 단어의 의미는 음운론적 분석이 아니라 '말'이 쓰이는 맥락에 따라 다르게 정해진다는 것이다. '말'이 국어시간에 쓰이면 '언어'라는 뜻을 가지고, 장기판에서 쓰이면 장기판에서 움직이는 말놀이 도구로서의 '말'을 가리키며, 경마장에서 쓰이면 동물로서 '말(馬)'을 뜻하는 것처럼.

가위는 사물은 하나지만 의미는 여럿이라는 걸 단적으로 보여주는 일상 사물이다. 의미는 그것이 놓인 위치, 즉 맥락이다. 똑같은 사물이 맥락에 따라 정반대의 의미를 가질 수도 있는 것이다.

계단

―

과정과 권태

계단은 엄밀히 말하면 '과정'으로만 존재하는 사물이다. 올라가는 길이 됐든 내려가는 길이 됐든, 이 사물은 일정한 방향을 지시하며 그 방향의 목적지에 도달하면 그 존재도 끝난다. 계단이 과정으로만 존재한다고 말한 이유는 이것을 통해 오르거나 내려간 그 자리에서 계단이 '정확히' 사라지는 시각적 명증성을 보여주기 때문이다. 계단은 설령 어떤 행인이 아무리 뜨거운 숨결을 내뿜으며 자신을 밟고 오르내렸더라도, 그가 목적지로 삼은 특정 공간에 도달하는 순간 어떤 여지도 남기지 않은 채 제 존재의 걸음을 멈춘다. 마치 '나는 여기까지예요' 하는 모습으로. 그러고는 그를 쿨하게 떠나보낸다.

계단을 오를 때나 내려갈 때 목적지를 염두에 두고 걷기 때문에 계단 자체를 의미 있는 사물로 여기는 행인은 많지 않다. 계단 위에서 행인들은 거의 예외 없이 결과지상주의형 인간으로 변한다. 늘 실패 없이 그들을 목적지로 인도하는 사물이지만 이 과정의 의미를 그들은 묻지 않는다. 게다가 계단을 오르내리는 행인이 대체로 지치고 찡그린 표정을 하고 있다는 사실을 생각해보자. 행인에게 계단을 오르내리는 그 시간은 힘든 과정, 그러니까 가급적 빨리 반드시 마무리해야만 하는 종결의 과정으로만 인식되기 일쑤인 것이다. 반면 계단이 끝나는 지점에 다다른 그의 표정을 떠올려보라. 그는 이 사물과의 이별을 늘 기쁜 얼굴로 맞이하지 않는가. 관상학에서는 '고난은 같이할 수 있으나 기쁨은 같이할 수 없는 상(相)'이 있다고 하는데, 계단이야말로 이런 상에 부합하는 사물이 아닐까.

목적지에 도달하기 위한 과정으로만 존재하기에 행인에게는 머무르는 사물이 아니라 늘 이별하기 위해 만나는 사물인 계단. 그러나 정작 계단 그 자체에만 주목한다면 그것이 한 지점과 다른 한 지점을 연결함으로써 오히려 상이한 두 공간을 잇는 연결 통로임을 알 수 있다. 계단도 일종의 '다리'인 것이다. 계단이 시작되는 지점과 끝나는 지점 각각의 두 공간은 높이에 큰 낙차가 있어서 심리적으로도 상반된 위상을 갖는다. 상투적인 수사지만 '천국의 계단' 같은 표현은 계단을 통해 도달한 저 위가 계단 아래와 얼마나 다른 곳인가

계단은 한 지점과 다른 한 지점을 연결함으로써
상이한 두 공간을 잇는 일종의 '다리'이다.

하는 심리적·존재론적 낙차를 보여준다. 그러므로 한 층 한 층 열심히 계단 꼭대기로 올라가는 이가 '계단이 끝나는 그 지점은 계단이 시작되던 지점과 전혀 다를 것'이라는 기대를 갖는 것은 당연하다.

일본이 조선의 500년 도읍 한양을 근대의 식민지 도시 경성으로 '멀끔하게' 바꾸어나가던 1930년대, 시인 이상은 경성 최초의 백화점이었던 미츠코시(三越)백화점 경성점(현 신세계백화점)의 계단을 열심히 걸어 옥상 꼭대기에 올라가는 자기 모습을 시로 묘사한 적이 있다. 그가 "일층위에있는이층위에있는삼층위에있는옥상정원에올라서남쪽을보아도아무것도없고북쪽을보아도아무것도없"(〈운동(運動)〉)다고 썼을 때, 그것은 계단의 아래 공간에서 찾을 수 없었던 무엇을 계단의 위쪽 공간에서는 찾을 수 있으리라는 기대심리가 있었음을 보여준다. 하지만 계단 위쪽인 옥상정원에 도착하여 바라본 풍경에서 그는 "아무것도없"다는 사실을 확인하는데, 이는 계단의 위상차에서 파생되었던 기대심리의 좌절감을 드러내는 표현이다.

형태상으로 보면 계단은 비스듬하게 세워놓은 길, 직선 길을 작은 직각들로 꺾어 기울기를 만듦으로써 동일 구간의 밀도를 더욱 높인 사물이라고 할 수 있다. 계단은 이 압축을 통해 여러 갈래 길이 아니라 당신이 갈 길은 바로 이곳이라는 듯 명확한 방향성을 매우 촘촘하게 지시하고, 이 방향성은 같은 것들의 반복을 통해 나타난다. 하나의 계단은 정확히 같은 높이와 같은 각도로 그다음 계단과 이어지고, 그 계단도 동일한 방식으로 그다음 것과 다시 이어지면서 '당신이 가야 할 길은 여기'라는 사실을 시각적으로 강력하게 가리킨다. 흥미로운 것은 그 지시의 폭이 매우 좁다는 사실이다. 고작 한 계단만큼일 뿐이니까. 그럼에도 계단을 오르내리는 사람이 방향성을 의심하지 않는 것은 계단의 반복성이 강박적일 만큼 촘촘하고 집요한 동일성에 기초해 있기 때문이다. 어떤 다른 형태로의 변형도 없이 한 계단과 그다음 한 계단은 같은 폭, 같은 넓이, 같은 재질, 같은 꼴로 반복된다.

이 반복의 효과는 양가적이다. 명시적 동일성의 반복은 혼란을 방지하고 걷는 이에게 안정감을 부여한다. 계단을 오르는 사람에게는 다른 선택의 여지가 없다. 행인의 다음 보폭과 속도와 모양은 다음 계단의 동일성을 통해 예측이 가능하다. 그의 길은 그런 방식으로 동일하게 이어지며, 종착역 역시 예측 가능한 방식으로 가까운 미래의 저곳에 완료되어 있다. '나'는 이대로 걸어 올라가기만 하면 지금과는 다른 존재 위상을 갖게 될 것이 분명하다!

그러나 강박적으로 반복되는 계단의 동일성은 그만큼이나 지루하다. 형태적 일탈을 미연에 방지하는 이 촘촘한 반복성은 다음 스텝과 그다음 스텝으로의 예측 가능성을 높이고 그럼으로써 발걸음에 안정성을 부여하지만, 이 안정성으로 인해 권태의 현상학을 발생시킨다. 산행을 많이 해본 사람은 이 말이 무슨 뜻인지 대번에 알 것이다. 산길을 걸어 올라갈 때는 돌아가더라도 계단이 아닌 흙길, 변화가 있는 길이 오히려 덜 힘들다는 사실을. 알베르 카뮈(Albert Camus)의 철학적 에세이로도 유명한 〈시시포스의 신화(Der Mythos des Sisyphos)〉에서 시시포스의 고통은 바위를 언덕 위로 굴린다는 사실에 기인하는 것이 아니었다. 바위를 언덕 위로 올리면 돌이 다시 밑으로 굴러 내려가 같은 일을 완전히 똑같이 반복해야 한다는 사실 그것이 문제였다. 시시포스 형벌의 영원한 동일성에 비해 계단은 물론 종착점이 있는 사물이나, 아주 많은 수의 계단을 오르거나 내려가야 할 때의 변화 없는 반복성은 그 자체로 지독한 고통을 수반한다. 이 고통의 핵심은 '권태'다.

인간에게 육체적 노역보다 고통스러운 것은 동일한 것의 반복이 파생시키는 권태, 삶의 '무의미'다.

old palace
고궁

역사는 현재와의 대화다

서울의 사대문 안에는 경복궁, 창경궁, 창덕궁, 경희궁, 운현궁, 덕수궁 등 여러 고궁이 있다. 지금이야 큰 차도를 중심으로 구획되어 있는 도심 한복판이지만, 불과 한 세기 전만 해도 사대문 안 공간 구획의 핵심은 왕과 왕의 가솔들이 거주하는 궁이었다. 주요 도로들은 궁과 궁을 이어주는 역할을 맡았다. 조선 시대에 사대문 안, 즉 도성(都城)은 왕이 사는 동네를 뜻하는 경계 표지와 크게 다른 것이 아니었기 때문이다.

'고궁(古宮)'은 '옛날 궁'이라는 말이다. 일본이나 영국, 프랑스나 러시아와 달리 한국의 경우엔 현재 존재하는 모든 궁이 곧 '고궁'이다.

서울 한복판에 자리한 가장 큰 궁인 경복궁도 현재의 정치적 리더가 살거나 집무를 보는 공간은 아니기 때문이다. 이 사물은 도심의 광활한 구역을 점유함으로써 확실한 공간성을 확보하고 있음에도 '지금 여기'의 사물이 아니라는 점에서 역설이다. 서울의 한가운데, 그것도 이루 말할 수 없이 비싼 땅값을 자랑하는 곳에 위치해 있지만 고궁은 현재의 부동산 감각이 침입하지 못하는 예외적인 '소도(蘇塗)'로 신성화되어 있다. 예전의 것을 무차별적으로 침식하고 순식간에 잡아먹는 현재라는 시간의 폭력성이 현대성의 본질이라는 사실을 수긍하는가. 그렇다면 고궁은 국가 제도의 힘을 빌리기는 했지만 과거 시간성의 권위를 통해 현재에 강력한 담장을 친 현대성의 예외적 공간으로서 도시에 특별한 섬처럼 존재하는 사물이라고 할 수 있을 것이다.

이 사물의 '과거'는 다른 사물의 과거와 매우 다르다. 거주자는 사라졌지만 집단의 기억을 통해 '전통'과 '역사'라는 아우라를 두름으로써 범접하지 못하는 상징성을 갖게 되었기 때문이다. 이러한 상징성은 과거 한 사회의 절대적인 정치 권위 때문만이 아니라 궁을 구성하는 고색창연한 기와와 단청, 단아한 뜰과 기품 있는 공간 배치를 바라보는 현대 도시인들의 아련한 향수 때문에도 발생한다. 그리고 이러한 이미지들은 궁을 한 민족의 자긍심과 관련된 사물로 승화시킴으로써 그것을 한 역사공동체의 공동 소유물로 받아들이게 한다.

문제는 고궁이 불러일으키는 이러한 향수와 고색창연한 이미지들이 '궁은 본래 무엇이었나' 하는 질문을 휘발시킨다는 데 있다. '고궁'이 된 이 사물은 과거의 진정한 역사성을 왜곡시키는 교묘한 메커니즘을 갖는다. 한 역사공동체에 있어 이 사물은 절대왕좌의 거주지, 구중심처(九重深處)로서 과거에는 공동체의 공유 공간이 아니었다. 이 사물이 만인의 공유 공간이 된 것은 현대적 시간의 도래에 의해서였다. 그러니까 이 사물은 신성불가침인 과거의 담장을 통해 현재라는 강력한 시간이 침투하지 못하게 하는 힘을 발휘하지만, 이 과거는 현재를 사는 이들로 하여금 그것의 참된 역사성을 묻게 하는 종류의 것이 아니다. 현대 도시인들의 무의식에서 이 사물은 이제 '과거'라는 외형을 띤 '공원' 이상의 것으로 받아들여지지 않는다. 오늘날 고궁에서 도시인들이 느끼는 '과거'의 향수는 역사적 의미에서도 일탈해 있으며, 그 외형만이 향유된다는 점에서 키치적이다. '역사는 과거와 현재와의 끊임없는 대화'라는 E. H. 카(E. H. Carr)의 유명한 명제를 상기한다면, 역사적 유물의 외관을 두르고 있는 이 사물은 실은 더 이상 '역사적'이지 않다.

　　궁이 가진 진정한 역사성–정치성을 가장 정확하게 간파한 것은 식민지 지배자들이었다. 망한 나라의 궁을 허무는 데 그치지 않고 굳이 그 자리에 짐승의 우리를 들여놓는 한편 총독부 같은 식민지배의 아성을 세웠던 것도 그 때문이다. 그러나 짐승의 우리로 바뀐 동물원(창경원)은 개장 직후부터 한밤의 벚꽃 놀이를 즐기는 이 나라 백성들로 인산인해를 이뤘다. 이 사물의 의미는 그때나 지금이나 공동체 구성원들에게 제대로 인식되지 않았다.

시인 서정주는 해방 후 경복궁을 보고 "옥같이 고우신 이 / 그 다락에 하늘 모아 / 사시라 함이럇다"(〈광화문〉)라며 역사를 낭만화했다. 궁의 정치적 의미를 정확하게 묻지 않은 이 낭만화는 역사의 왜곡과 다르지 않다. 이에 비해 시인 조지훈은 "거미줄 친 옥좌 위엔 여의주 희롱하는 쌍룡 대신에 두 마리 봉황새를 틀어 올렸다"(〈봉황수〉)라는 시구를 남겼다. 사대주의로 일관하다 망한 나라의 민족적 비애를 현재의 정치 상황과 연관시킴으로써, 그는 궁을 '고궁'이 아니라 과거와 현재와의 대화라는 차원에서 '역사적 사물'로 이해하려 했다.

고궁은 과거의 사물이지만, 예전에 그 사물이 공동체 전체의 삶과 관련지어 무엇이었는가를 깊이 따져 묻지 않는다면 그 과거는 진정한 의미에서 역사적인 차원으로 인식되지 못한다. 고궁의 역사를 복고적으로 신비화·낭만화하는 경우도 마찬가지다. 오늘날 대부분의 사람들에게 고궁은 표면적으로만 신성한 과거의 아우라를 두른 공간일 뿐 현대 도시인의 필요를 충당하는 휴식처, 점잖은 놀이공원 외의 별 의미를 지니고 있지 않다.

그러나 역사학자 카가 이야기했던 것처럼 역사가 과거를 통해 현재와 미래의 삶을 묻는 끊임없는 대화 및 성찰의 과정이라면, 고궁은 '지금 여기'의 현대적-현재적 사물이어야 할 것이다. 이 관점을 빌려 서울의 가장 큰 고궁인 경복궁이 지난 몇 년간 지녀온 가장 중요한 역사적 의미를 묻는다면 무엇이라고 대답할 수 있을까. 어처구니없는 '사회적 참사'로 아이를 잃은 부모들이 원통한 마음으로 통곡하는 자리가 경복궁 정문인 광화문 앞이라는 사실, 바로 그것이 아닐까. 고요한 외관의 이 광화문 뒤편에는 오랜 시간이 지나도 결코 씻을 수 없는 죄에 연루된 현대의 궁 청와대가 있다. 예나 지금이나 궁의 가장 중요한 의미는 그것이 공동체의 삶과 관련된 정치적 공간이라는 사실이다.

고글

불가능한 싸움

눈이 나빠서가 아니라 눈을 보호하기 위해 쓰는 안경이 있다. 가장 흔한 것은 선글라스다. 강력한 태양빛이 눈에 흡수되는 것을 막기 위한 용도로 널리 쓰인다. 그런데 자외선 차단 능력과 능동적인 활동성이 더욱 강조되는 환경에서는 다른 종류의 안경이 사용된다. '고글(goggle)'이라는 사물이다. 고글의 유리, 즉 '글라스'에 해당하는 부분은 투과되는 자외선을 더 강력히 차단하기 위해 기능적으로 특화된 강화유리나 플라스틱 재질을 사용하고, 주변 이물질로부터 눈을 보호해야 하는 목적을 위해 안경테에 해당하는 프레임 없이 얼굴에 압박적으로 밀착되게끔 만들어진다.

이 사물이 사용되는 대표적인 장소는 스키장이다. 설원에서 반사되는 태양광은 내리쬐는 햇빛보다 눈에 더 치명적이다. 스키는 매우 활동적인 스포츠이므로 눈에 이물질이 들어갈 가능성도 높은데 고글은 이의 방지에 안성맞춤인 사물이고, 요즘은 '스포츠 고글'로 개발된 것이 사이클이나 야구 경기 등에도 널리 쓰인다. 고글은 군사용으로 사용되기도 한다. 사막의 군사 작전에 있어 자외선과 모래 먼지는 설원에서의 그것들만큼이나 큰 자연 장애물이다. 군사용으로 쓰이는 고글 중에는 한낮에 자외선을 차단할 뿐만 아니라 거꾸로 어두운 밤에 적외선을 투시할 수 있는 것도 있다.

최근에 눈에 띄는 이 사물의 용도는 '의학용'이다. 메르스 감염 환자들을 돌보거나 병의 확산을 막기 위해 사투를 벌이는 의사들이 방제복과 더불어 아주 큰 고글을 쓰고 있는 것을 보았을 것이다. 우리 몸에 있는 모든 구멍은 세균이 가장 쉽게 침투할 수 있는 통로이며 눈 역시 그렇기 때문이다. 이는 고글이 단지 빛을 막는 선글라스와 달리 물리적 실체를 가진 외부 물질의 침투를 막는 사물이라는 점을 명확히 인지시킨다.

매우 흥미롭게 읽었던 글 중 「워싱턴포스트(Washington Post)」가 내보낸 다음과 같은 기사가 있었다. 캘리포니아 안전보건국이 성인영화를 찍을 때 배우들에게 고글을 의무적으로 착용하게 하는 법안을 마련 중이라는 것이었다. 성병 감염의 주요 경로로 '눈'이 새롭게 지목되었기 때문이다. 보건 당국의 지시는 물론 심각한 것이었겠지만, 침대에서의 정사 신에서 이 사물을 착용한다는 것은 생각만 해도 우스꽝스럽다. 당연히 성인영화 제작사들은 강력히 반발하고 있다고 한다. 이러한 희극적 상황에서 성적 흥분을 유발하기는 쉽지 않을 테니까. 아무튼 이 우스꽝스러운 법안 발의는 세균을 마주하고 있는 '눈'의 허약함을 증명한다.

얼마 전 한국에서 발생하여 강력히 확산되었던 메르스의 경우 전염병과 싸우는 의사들 중에서도 확진 환자가 계속 나왔는데, 그들 역시 고글을 쓰고 환자를 치료했다. 방어막처럼 보이지만 이때의 고글은 외부의 공포물을 대면하며 전율하고 있는 몸의 창이다. 커다란 투명 압박 안경을 쓰고 보이지 않는 바이러스와 마주하는 것은 어떤 기분일까. 고글은 먼지보다 작은 틈새로도 공기처럼 눈에 침투할 수 있는 바이러스를 '완전히' 차단하는 동시에, 그것을 발견하고 그것과 대결해야만 하는 불가능한 싸움에 직면해 있다. 최첨단 현대 의학을 동원한다고 해봐야 '인간 숙주'에 침투하여 증상으로 나타나기 전까지 바이러스의 '존재'는 보이지도 감지되지도 않는다. 이 현장에서 인간 신체란 한없이 허약하고 무력하다. 인간이 가진 인지 능력의 대단함을 뽐내는 과학도 무기력하기는 마찬가지다.

우주물리학 이론에 따르면 만일 지구를 침공한 외계인과 지구인이 전쟁을 벌일 경우, 싸움은 단 몇 초 만에 끝날 것이라 한다. 은하계를 가로질러 지구까지 여행해 온 외계인의 과학 기술이라면 지구인의 과학 기술은 원시 종족의 그것만큼이나 비교 대상이 될 수 없다는 것이다. 주기적으로 인간 사회를 위협하는 메르스나 조류독감 같은 전염병에서 우리는 어떤 존재론적 의미를 확인할 수 있을까. 그 의미는 의외로 간단하지 않을까. 지구와 우주에서 인간의 육안으로 확인되는 세계는 극히 미미하다는 사실일 테니 말이다. 당장 눈앞에 '존재하는' 바이러스조차 보거나 감지하지 못하는 게 인간 신체 아닌가. 우주에서는 말할 것도 없고, 지구에서조차 인간이라는 종은 결코 주인이 될 수 없다.

교과서

교본이 되는 인문 정신

인문학에서 쓰는 '인문(人文)'은 오래된 말이다. 기원전의 책 『주역(周易)』에서 '인문'은 '천문(天文)' '지문(地文)'과 같은 계열의 말로 쓰였다. 이 단어에서 '문(文)'자는 '문양(무늬)'을 뜻한다. 옛사람들은 하늘에도 무늬가 있고, 땅에도 무늬가 있으며, 자연과 우주의 무늬들은 삶의 무늬와 서로 통한다고 생각했다.

이미지의 차원에서 생각해볼 때 무늬는 '패턴'이다. 패턴은 하나로 생겨나지 않는다. 패턴은 개별적 형상들의 공존-배치-조합의 결과다. 그러니까 '인문'은 그 말에서 이미 '복수로서 삶'을 암시하고 있다. '사람'이 아니라 '사람들', 특수한 개인이 아니라 인간들의 다양한 생각과 삶을 모아야 비로소 '인문-사람들의 무늬'가 생긴다. 이 다양한 삶의 가능성을 정상으로 이해하고 성찰하는 학문이 인문학이다. '인문학'에 해당하는 영어 단어가 단수형 'humanity'가 아닌 복수형인 'humanities'인 것도 이런 이유다. 인문학의 핵심은 단수형 '사람'이 아닌 복수형 '사람들'에 있다는 것이 영어 표현에서도 드러나는 것이다.

동양이나 서양이나 예로부터 역사학은 인문 정신의 고갱이로 불린다. 서양에서 '역사의 아버지'로 불리는 헤로도토스(Herodotos)의 『역사(Historie Apodexis)』에서 가장 중요한 것은 '사실' 그 자체라기보다는 '사실'을 기술하는 저자의 태도다. 한쪽 문화권에서 보면 도저히 이해하기 힘들고 용납되기 어려운 관습과 사실들의 세계를, 저자는 자기중심적 관점에서 비난하거나 삭제하지 않고 담담히 기술했다. 여기에서 암시되는 것은 복수의 삶들이 갖는 다양한 가능성을 인정하는 태도다. 르네상스(Renaissance)를 고대 그리스 인문주의의 부활이라고 말할 때, 그 인문주의가 지시하는 가장 중요한 정신 중 하나는 바로 헤로도토스의 이러한 개방적 태도에서 암시된다. 동아시아에서는 이 개방성이 다른 방식으로 발현된다. 역사 기술의 전범(典範)이 되었던 '춘추필법(春秋筆法)'에서처럼 동아시아에서 역사 기술의 태도는 우주의 섭리와 통하는 대의명분에 따라 추상같은 비판 정신을 통해 옳고 그름을 따지는 것으로 나타난다. 이때 사가(史家)

가 두려워했던 것은 '하늘의 뜻-천문(天文)' '땅의 뜻-지문(地文)'이지 권력자의 뜻이나 칼이 아니었다.

교과서란 '교본(敎本)'이 되는 책이지만, 여기서 가르치는 내용은 특정한 권력의 뜻이나 그들의 관점에서 재단되고 선택된 사실일 수 없다. 교과서는 한 시대 인문 정신의 상징이다. 인문 정신의 핵심은 개방성과 포용성, 즉 복수로서의 다양한 삶들과 생각들이 존재하고, 또 마땅히 존재해야 한다는 생각에 있다. 한때 무리하게 추진했던 국정 역사 교과서는 특정 정치 권력의 편협한 이데올로기를 시민의 보편적 사고에 강제하려 했다는 점에서 인문 정신의 무덤과 다르지 않았다.

#curl-loop(roof)
구루프

—

뻔뻔함의 현상학

현직 대통령 탄핵 심판이라는 중대한 사건이 있었다. 비상한 국가 위기 사태에 대한 법률적 판단을 맡은 곳은 헌법재판소였다. 그런데 사건 선고일에 뜻밖의 사물이 국민의 눈길을 끌었다. 선고문을 낭독하기로 예정되어 있는 헌법재판관이 선고일에 헌법재판소에 출근하는 모습이 언론에 생중계되었는데, 그 헌법재판관의 머리에는 난데없는 사물이 붙어 있었다. 그것은 머리칼을 볼륨 있게 만들기 위해 주로 여성들이 머리칼을 말아 올리는 데 사용하는 미용 도구인 헤어롤이었다. 국가의 앞날을 좌우하는 중차대한 사안에 몰두해 있던 나머지, 헌법재판관이 집에서 머리 정돈을 하고 출근하면서 머리에 헤어롤이 붙어 있다는 사실을 잊었던 것이다.

이 해프닝은 국가적 비상사태였던 세월호 사건 당일, 긴급한 상황이었음에도 미용사를 불러 올림머리를 했던 전임 대통령의 행적과 대비되어 큰 화제가 되었다. 미용실 거울 앞에서나 노출될 수 있었던 머리 위의 물건이 광장민주주의의 결정적 순간에 '머리에 꽃 달고'가 아니라 '머리에 헤어롤을 달고' 공적 책임감의 역사적 상징으로 재탄생하는 순간이었다.

그런데 이날 헌법재판관이 머리에 달고 나온 헤어롤은 엄밀히 말하면 '구루프'라고 부르는 게 맞을 것 같다. 이 사물은 예전 미용실에서 퍼머를 할 때 사용하던 업소용 헤어롤과는 조금 다른 정체성을 지닌 '신종' 사물이기 때문이다. '구루프'라는 말의 기원에 대해서는 설왕설래가 많다. 곱슬머리, 혹은 곱슬곱슬하게 만들거나 감는 행위를 뜻하는 영어 단어 '컬(curl)'과 둥근 고리를 뜻하는 '루프(loop)'가 결합된 합성어를 일본식으로 읽은 말이라는 설이 있으나, 내가 보기에는 비슷한 발음의 영어 단어 '루프(roof)'가 지붕을 뜻하므로 '컬'과 이 단어가 조합된 것일 수도 있겠다.

머리칼을 둥글게 말아서 볼륨을 키우겠다는 목적은 같지만, 미용실에서 사용하는 헤어롤과 달리 구루프는 개인들이 필요한 순간 그때그때 머리를 부분적으로 직접 말아 올리는 용도로 사용한다는 점에서 업소용품이 아닌 개인용품이다. 특수한 정치 상황에서 뜬금없이 유명해지긴 했지만, 이 물품이야말로 광장의 사물이 아닌 개인 주의자의 사물이라 해야 할 것이다. 미용실에서의 퍼머 과정에서 알 수 있듯 헤어롤을 사용할 때는 그것에 머리칼을 감고 고무줄로 묶어야 하지만, 구루프에는 머리칼에 달라붙는 가는 털이 있어 고무줄 없이도 필요한 머리칼 부분에 그것을 붙여 간단히 말아 올릴 수 있다. 요즘에는 머리칼의 굴곡을 좀 더 확실하게 만들기 위해 건전지로 열을 내는 간단한 장치를 삽입하기도 한다.

눈여겨볼 현상은 최근 들어 이 사물을 소지품처럼 휴대한 젊은 여성들이 장소를 가리지 않은 채 사람들 시선에 아랑곳하지 않고 머리에 붙여 말아 올리고 다니는 것이다. 이 중에는 청소년들도 적지 않다. 그들이 구루프를 이용하는 부분은 대체로 앞머리다. 미용상의 처리가 난감한 앞머리를 짧은 시간에나마 매우 간단한 도구로 쉽게 다듬을 수 있다는 장점을 활용하는 것이리라. 길거리에서도 지하철 안에서도 도서관 안에서도 구루프를 한 여성들을 흔히 볼 수 있으며, 개인 사진을 타인에게 널리 공개하는 소셜미디어에도 구루프를 머리에 붙인 사진을 찍어 올리는 여성들이 많다.

이 현상이 흥미로운 이유는 이 사물이 본래 머리를 구부리기 위한 목적으로 사용되는 미용 도구이지 장식용 사물은 아니라는 사실 때문이다. 즉, 내 머리 위에 이 사물이 붙어 있는 모습이 예전에는 타인에게 공개될 수 있는 종류의 것이 아니었으며, 미용이라는 최종 목적을 달성하기 위해 '과정'으로만 존재하는 것이었다. 그런데 이제 이 사물은 머리에 붙은 채 타인들의 시선에도 아무렇지 않게 마치 액세서리처럼 노출되고, 그런 행위를 하는 주체들은 노출 자체를 어떤 개성이나 주체적 취향의 표현처럼 즐기는 듯하다.

이러한 구루프 노출 현상은 하나의 유행처럼 우리 사회에 나타나 번지고 있었다. 만일 '유행(fashion)'이라면 이 현상을 우리 시대의 성격 변화를 암시하는 기미 가운데 하나로 해석해볼 수는 없는가. 나는 지하철에서 구루프를 머리에 하고 건너편 의자에 앉아 있는 여성을 보자마자 한때 유행처럼 번지다가 지금은 시들해진 속옷 노출 현상을 떠올린 적이 있다. 골반에 매우 느슨하게 걸치는 힙합 바지의 형태 때문에 나타난 것이기는 했지만, 팬티의 밴드를 바지 바깥으로 당당하게 드러내던 그 유행 현상은 당시 내게 흥미로운 관찰 대상이었다. 여성의 브래지어 끈이 어깨 위로 노출되는 일이 패션의 정상적인 면으로 받아들여지는 것도 형태상으로는 이와 비슷한 것이라 할 수 있다. 그러나 여성들이 브래지어 착용을 거부하는 최근의 움직임과 브래지어 끈을 노출하는 것은 서로 다른 현상이라고 해석된다. 전자가 페미니즘적 시각이 개입된 의식적이고 무브먼트적 성격의 것이라면, 후자의 성격은 보다 '심층적'이다. 팬티 밴드나 브래지어 끈의 노출은 패션의 형식적 측면으로 보자면 예전에는 사람들의 눈에 띄기 어려웠던 속옷의 일부를 노출하며 오히려 타자의 시선을 즐기는

구루프는 타자의 시선이 발산하는 억압에 대한 발랄한 도발이자
뻔뻔함의 현상학과 관련된 사물이다.

듯한 유희성을 보여준다는 점에서 비슷한 면이 있다. 아마 여기에는 관습에 대한 위반에서 발생하는 도발적 쾌락('관음증'도 그 한 형태다)도 개입되어 있지 않을까 싶다.

과도한 유비(類比)인지는 모르겠으나 이런 현상은 직관적으로 봤을 때 우리 시대 유행하는 건축물의 표현 방식과도 유사한 면이 있지 않은가. 최근 지어지고 있는 한국의 '힙한' 건물들 중에는 외관에 덮여 예전에는 절대로 보이지 않았던 콘크리트 구조물 벽이나 철근 골조를 그대로 노출하는 방식의 것이 적지 않다. 최종 목적을 위한 숨겨진 과정이나 완성태에서 드러나지 않은 구성적 일부였던 것들이 바깥으로 당당하게 노출되는 이런 문화 현상들은 그냥 우연한 일들일까. 이러한 유비를 같은 차원에서 해석하는 일이 지나친 것일 수는 있으나, 이런 현상들에서 어떤 공통점이 감지된다는 사실 또한 부정하기 어렵다.

다시 구루프로 돌아오면 난 여기에서 이 시대 저변에 깔린 상반된 두 가지 무의식을 동시에 감지한다. 일시적으로만 유지될 앞머리칼을 슬쩍 마는 그 행위 자체를 부각함으로써 문화에 내재한 억압에 대해 발랄한 도발을 보여주는 일이 그 하나라면, 또 다른 측면은 어떤 '뻔뻔함'과 관련한 것들이다.

'뻔뻔함'이란 응당 부끄러워해야 할 것을 부끄러워하지 않을 뿐만 아니라, 오히려 부끄러움의 대상이나 상황 자체를 '전시적인' 형태로

타자의 시각에 노출하면서 그것을 인정받으려는 주체의 오기나 자기주장과 관련이 있다. 나는 뻔뻔함을 윤리적 차원의 문제로 보기 전에 '감각의 현상학'이라는 차원에서 먼저 생각해보곤 한다. 이 관점에서라면 '뻔뻔함'은 숨겨야 할 것, 노출될 수 없는 것에 대한 '능동적 자기 전시'인데, 이때 주체는 외부 시선을 의식하지 않으면서 자기 행위를 밖으로 노출—전시한다. 그러나 그의 시선은 타자에 개방되는 것이 아니라 닫힌다. 타자의 시선에 대한 이러한 폐쇄성은 주체 내부에서 자신을 들여다보는, 또 하나의 타자라 할 수 있는 성찰적 시선[프로이트(Freud)라면 '초자아(super ego)'라고 불렀을]에도 방어벽을 침으로써 주체의 자기보기를 불가능하게 한다. 그런 점에서 뻔뻔함은 도덕의 문제이기 전에 타자의 시선과 관련한 반응형 감각의 정지 현상, 감각의 상투화·관성화 상태와 관련이 있다.

구루프는 죄 없는 사물이고 구루프를 하고 있는 개인들 역시 그 자체로는 아무런 문제가 없지만, 이 사물의 '노출 현상'에는 무언가 해석될 만한 지점이 있다. 이것은 사물의 밀도가 증발하고 사물의 내부가 낱낱이 까발려지는, 즉 우리 시대에 현저해진 '사물의 평면화' 현상과 관련 있는 것은 아닌가. 그 현상은 어떤 식으로든 우리 시대에 점점 더 노골화되는 '뻔뻔함'의 현상학과 연관된 것일지 모른다.

귀도리

과잉 귀여움

한겨울 북풍한설 서울 거리를 걷다가 소녀들, 아가씨들에게서 익숙한 듯하지만 어딘가 아주 미묘하게 낯선 모습을 본다. 처음에는 귀마개인 줄 알았다. 멀리서는 면적이 넓은 머리띠처럼 보이기도 했는데, 옆을 지나며 가까이서 보니 머리띠가 아닌 것은 물론 전형적인 귀마개와도 형상이 약간 다르다. 뜨개질로 만든 듯한 니트 재질이 대부분인 것으로 보아 방한용품임은 분명한데, 양쪽 귀 부분을 잇는 머리띠 부분까지 면적이 넓은 니트로 되어 있어 귀뿐만 아니라 머리 일부도 추위로부터 막아준다. 목도리를 이용하여 귀와 머리를 둘러 묶은 것 같기도 하다. 그래서인지 이 방한용품을 '귀도리'라고 부른다고들 한다. 목도리처럼 귀를 두른다 하여 귀도리.

　이 사물은 대체로 여자들이 많이 하고 다닌다. 귀도리를 한 여성들에게서 받는 첫인상은 '귀여움'이다. "와~ 진짜 귀엽다!" 소녀들이건 아가씨들이건 귀도리 패션의 주인공을 향해 나올 수 있는 첫 감탄사는 바로 이게 아닐까. 즉, 귀도리는 '귀요미 잇템'이다.

　귀도리에서는 그 '귀여움'의 성격을 추측해볼 수 있는 몇 가지 형상적 특징이 눈에 띈다. 패션의 형상이 된 이 귀여움에선 우선 아이러니가 감지된다. 그것은 세대에 따라 귀도리에 대한 느낌이 조금 다르지 않을까 하는 내 추측과 관련이 있다. 기성세대가 귀도리를 본다면 직관적으로 '간난이' 패션 같다는 기시감을 느끼지 않을까. 나는 그랬다. '어, 저건 어린 시절 텔레비전에서 봤던 전쟁고아 드라마 〈간난이〉의 그 패션인데?' 하고 말이다.

　'간난이'는 전쟁 세대의 이미지다. 헐벗고 배고프고 춥던 시절, 패션은 극단적으로 실용적인 형태로밖에 나타날 수 없었다. 물자가 충분치 않은 간난신고(艱難辛苦)의 상황에서 의복은 안팎의 구분이 모호해지는 경우가 많다. 겨울이라면 '일단 두르고 보는' 기능에 충실해질 것이다. 이때 방한용 옷의 실용적 효용성은 가능한 한 넓게 가리는 데 있으므로 형태 또한 '싸매는' 식이 되기 쉽다.

　그러나 이런 종류의 실용적 형상이 지금 시대에는 오히려 '세련됨'으로 의미가 바뀌어 돌아온다. 귀도리 사용 관련 블로그 등을 살펴

보면 대개 '귀마개는 촌스럽지만 귀도리는 세련된 아이템이라서 착용한다'고들 이야기한다. 10대~20대 소녀·아가씨들의 의견이 대부분 이렇다. 그런데 사실 내게는 귀도리가 형상적으로 더 촌스러워 보인다. 이런 생각 차이는 세대 감각에서 비롯된 것일까? 세련됨과 촌스러움은 여러 기준에 따라 달라지고 그 경계선도 매우 모호하지만, 이런 종류의 대중적 소비 아이템의 경우 심미성의 경계는 대체로 절제와 과잉의 차이에서 나뉘는 면이 많다. 마치 좋은 시의 여부가 감정의 과잉을 조절하는 능력에 따라 달리 결정되는 것처럼.

귀도리는 귀마개보다 귀를 가리는 면적도 크고 머리띠 부분도 훨씬 더 넓다. 전형적인 귀도리는 형상적으로 봤을 때 과잉 사물에 해당한다는 말이다. '귀도리'라는 명칭 자체가 이미 '귀여움'에 대한 언어적 과잉을 내포하고 있지 않은가. 과잉은 시대에 따라 다른 문화적 감각과 얽힌다. 헐벗은 시절, 생존의 절박감 속에서 물자는 '기회가 있을 때 최대한 취해야 하는' 생활의 목표가 되고, 그 과정에서 과잉 축적된다. 여기에서 과잉은 생존 본능과 관련되고, 절대적 결핍의 다른 얼굴에 해당한다. 이런 상황에서는 미의식 자체가 개입하기 어렵다. 이러한 '과잉-생존 본능'은 한국전쟁 후 개발독재 시대의 생활 감각과 통한다. 생존이 문제가 되니 생활 감각은 그것을 목표로 전략화되고, 이는 '기회가 있을 때 가능한 한 많이 쌓아두자'는 식의 '탐욕적' 사고로 나타나기도 한다.

하지만 사회에 재생산을 위한 체계가 갖춰지고 물자와 재화가 어느 정도 축적되면 과잉은 '촌스러움'으로 인식되기 시작하며 적어도 문화적 감성 체계에서는 배제의 원리로 분류되는 경향이 나타난다. 과잉이란 곧 생존 감각의 적나라한 노출이고, 이는 자연적 필연성에 예속된 인간 욕망의 민낯을 그대로 드러내는 '날것'으로 여겨지기 때문이다. 자연을 순치하고 변형하는 데 문화의 본래 의미가 있다는 것을 상기한다면, 이런 경향은 문화의 대체적인 발전 경향이라고 할 수 있을지도 모른다. 흔히 사용되는 '교양주의'라는 표현에 스며 있는 감성-인식 체계는 욕망의 과잉을 절제하거나 적어도 적나라하게는 노출하지 않는다는 문화의 완충성과 관련이 있다. 이때 '과잉 패션'은 절제 감각을 지닌 '댄디(dandy)'와 대립적인 쪽에 있으며, 교양주의에서는 이 과잉을 혐오스러운 눈으로 쳐다볼 수 있다. 댄디적 감각이 대중소비문화 수준에서는 중산 계급의 문화적 이데올로기 및 '여피(yuppie)'의 감각이 되는 이유도 이 때문이다.

이러한 교양주의가 타락하면 '속물주의(snobbism)'가 된다. 속물주의 비판은 현대 문학, 특히 현대 소설의 주된 테마이기도 하다. 스탠리 큐브릭(Stanley Kubrick)의 영화 〈아이즈 와이드 셧(Eyes Wide Shut)〉은 이런 관점에서 보면 지극히 현대 문학적인 테마를 영화로 만든 것이라 할 수 있다. 덧붙여 '외설(pornography)'에 대한 규정도 이런 관점에서 이해해볼 수 있다. '포르노(porno)'란 아무것도 가리지 않는 것이며, '문화인(문명인)'의 눈앞에 '그것을' 여과 없이 들이대는 일이다. 포르노는 과잉 그 자체를 현시하는 것, 과잉 자체가 목표가 되는 것임과 동시에 문화로 흡수되지 않는 '자연', 짐승으로서의 인간 모습을 그 자체로 디스플레이하는 문화의 버그 같은 것이다.

그런데 요즘 한국의 대중문화는 또 달라져서, 이전 시기—세대가 '촌스럽다'고 여기던 것이 여러 분야에서 지배적 문화 소비재로 수용되고 있는 듯하다. '촌스러운 것'에 대한 대중문화적 수용은 한국인의 일상에서 나타나는 뚜렷한 흐름 중 하나다. 의식적인 것에서건 무의식적인 것에서건, 개인 취향에서건 자본의 상업전략 차원에서건 말이다. 도시의 낡은 집들, 서민적 삶의 경험이 묻어난 생활환경들을 있는 그대로 노출하는 디자인의 대유행도 이런 흐름의 일부라고 여겨진다. 성수동, 연남동, 익선동 등 서울의 핫플레이스는 예외 없이 이런 풍경의 거리들과 상점들, 음식점들을 보여주는 곳이다.

유행의 흐름을 읽는 지표가 10대가 된 지는 이미 오래인데, 10대 소녀들의 요즘 화장법에서 특히 눈에 띄는 것은 '과장'이다. 인스타그램을 보면 이를 대번에 알 수 있다. 피에로나 마네킹처럼 느껴지는 마스카라와 파운데이션의 과장된 사용, 원색적 립스틱 등은 이 세대의 전형적 화장법이다. 가리지 않고 다 보여주거나 있는 것보다 더해 보이게 하는 과장 혹은 과잉. 흥미로운 것은 이 세대에게서 예전과는 전혀 다른 미의식의 변화가 느껴진다는 사실이다.

부모 세대와 달리 이 세대의 감성에서 과잉은 촌스러운 것으로 인지되지 않는다. 안과 밖을 구별하지 않으며, 노출 부위와 시선의 은폐 영역을 가리지 않고, '삶'이라기보다는 '생활'에 더 가까운 실용적 생의 감각 그대로를 필터링 과정 없이 미의식의 표현으로 관철시키는 이러한 과잉 표현법에서 느껴지는 것은 좋게 말하자면 솔직함이요, 냉소적으로 말하자면 '뻔뻔함'이다. 어떻든 간에 그것을 '자신감'이라 할 수 있지 않을까. 그렇다면 귀도리는 이 세대가 가진 그런 종류의 자신감을 표현하는 '잇템'이 아닐까.

그런데 귀도리의 귀여움은 한편에서 보면 꽤나 보수적인 감각에 기반한 감성인지도 모른다. 전형적인 귀도리는 뜨개질로 만들어졌으며 니트 소재인데, 이러한 제작 방식과 재질에서 즉각적으로 떠오르는 이미지는 (설령 공장에서 대량생산된 상품일지라도) '홈메이드(homemade)'다. 귀도리의 귀여움은 혹 그 발랄한 형상과는 별개로 '가정적인 것'이 연상시키는 전통적·관습적 감각에 기반해 있는 것은 아닌가. 남녀 구별이 없는 귀마개와 달리 귀도리 사용자들의 압도적 다수는 여성이다. 뜨개질, 니트, 홈메이드가 여성성에 대한 전통적 성관념과 매우 밀접하게 연관된 것들임을 상기해본다면, 이 사물이 지닌 감성 체계는 꽤나 보수적인 것이라 할 수 있다.

무엇보다 귀도리 형상에서 가장 중요한 포인트는 턱끈이라는 사실을 눈여겨보자. 귀마개의 경우 귀를 덮고 있는 부분이 귀에 달라붙어 있어 귀 아래로 내려오는 부분이 없는 것과 달리, 귀도리는 목도리 같은 것으로 양쪽 귀를 싸매는 사물이기 때문에 턱 아래까지 끈처럼 내려온 부분을 묶어줘야 한다. 이 턱끈에는 예쁜 마무리를 위해 커다란 방울 같은 것이 달려 있는 경우가 많다. 나는 이 방울을 보자마자 이것이 갓난아기의 턱받이와 비슷하다는 인상을 받았다. 여러 연상을 할 수 있겠지만 이것도 가능한 연상 중 하나라고 말할 수 있다면, 귀도리의 귀여움 전략은 가능한 최대한 '아기'의 이미지에 맞춰져 있는 것인지도 모른다.

이를 내가 겪고 있는 하나의 경험과 연관지어보자. 대학에서 수업을 해보면 대학생임에도 여전히 '베이비토크(baby-talk)'를 하는 이들이 많음을 알 수 있다. 이는 여학생들에게서 두드러지는 현상이다. 페미니즘과 젠더 논쟁은 근자의 한국, 특히 대학가에서 핫이슈로 떠올랐지만, 말하기 방식이나 목소리에서 여학생들이 무의식적으로 '아기' 흉내를 많이 낸다는 사실은 내게 있어 아이러니하면서도 흥미로운 관찰 대상이다. 현재 한국의 정치·사회·문화적 상황과 관련하여 이런 현상은 어떤 해석의 여지를 갖는 것일까.

성수동·연남동의 거리 풍경과 베이비토크, 그리고 이 겨울의 '잇템'인 귀도리는 아무런 관련이 없을까.

나무 펜스

보호하는가, 배제하는가

　마음 씀씀이가 알뜰한 한 미술관 학예사의 가이드로 나무 한 그루를 보기 위해 강원도 양구의 작은 동네를 찾았다. 한국 미술사의 거장 박수근이 늘 마음에 두었던 나무라 하여 그 동네에서는 '박수근 나무'로 불린다고 한다. 누구에게나 마음의 정처(定處)가 되는 사물이 있는데, 작가에게 그 사물은 예술적 영감의 원천이 되는 신성한 소도(蘇塗)다. 고흐(Gogh)에게 해바라기가, 이응노에게 홍성의 동네 산이, 윤이상에게 통영의 좁은 동네 골목이 그러했듯이.

　나무는 크지 않았으나 너그럽고 기품 있는 품새로 화가가 어린 시절에 최초로 그것을 쳐다보고 있었을 때의 모습 그대로 서 있었다.

박수근의 그림을 본 사람이라면 화가를 닮은 나무라는 생각을 가질 법했다. 문제는 나무의 자리였다. 정확히 말하면 나무의 자리가 아니라 나무를 둘러싼 자리. 나무는 아파트가 세워진 땅 언덕 궁벽한 끝자리에 옹색하게 서 있었다. 나무의 자리를, 나무의 주변을 옹색하게 만든 것은 나무 그 자체가 아니라 그것을 둘러싼 환경이었다. 본래는 그 땅의 당당한 주인이었겠지만, 이제 나무는 건물과 건물 사이에 난 작은 틈새에 겨우 옹색히 버티고 서 있었다. 여기에서 기품을 잃은 것은 나무가 아닌, 나무의 자리를 그런 위치로 몰아넣은 이 시대의 무신경하고 인색하기 그지없는 인공적 기획이다. 나무는 예전에는 한 예술가에게 깊은 영감을 부여했겠으나, 지금은 산업화 이후 우리가 만들어온 삶의 인공적 기획이 얼마나 옹졸한가를 증명하는 방식으로 거기에 서 있었다.

그 자리에서 그런 생각에 잠기다 보니 문득 또 하나의 사물이 눈에 들어왔다. '박수근 나무'라는 팻말과 함께 나무는 그것을 향한 행인들의 접근을 허하지 않는 쇠 '펜스'로 사방이 둘러쳐져 있었다. 우리나라 어디를 가도 흔히 볼 수 있는, 녹색 페인트로 칠해진 '보호용' 펜스였다.

종종 여행을 다니다 보면 어떤 의미 있는 나무를 보호하겠다며 설치한 이런 펜스를 보게 된다. 그런 '보호용' 사물에 인간의 선의가 아주 없지는 않을 것이다. 그러나 박수근 나무에서 보듯이 본래 그 땅의 주인이었을 한 존재를 옹색하게 만든 후에 이루어지는 이런 종류의 인간 중심적 선의가 정작 나무 자신에게는 무슨 의미를 가질까. 예전에 아메리카 대륙에서는 그 땅의 원주민들로부터 광활한 땅을 모두 빼앗아버린 백인들이 도리어 그 원주민들에게 '보호 구역'이라는 명목으로 손톱만큼의 땅을 허락했다. 아주 늦게 그 땅에 도착한 이주민들은 그곳에서 태곳적부터 살던 원주민들을 좁은 울타리에 불과한 '보호 구역'에 짐승 가두듯 몰아넣었다. 그것도 일종의 펜스였다.

무언가를 보호한다는 명목으로 한 사회에서는 많은 종류의 펜스가 만들어진다. 이 펜스 가운데에는 물리적인 사물뿐만 아니라 사회 제도도 있다. 무엇을, 누군가를 보호한다는 미명으로 대상을 둘러싸는 펜스는 사물 세계에서 권력을 쥔 쪽의 기만에 따른 결과물인 경우가 적지 않다. 그때 펜스가 정작 보호하는 것은 무엇인가?

노란 리본

사건 이후

올봄 하늘은 왜 이리도 궂고 변덕스러운가. 벚꽃은 하룻밤 비바람에 떨어지고, 목련은 하얀 얼굴을 내밀다가 역시 때를 모르고 수시로 부는 사나운 바람에 이지러졌다. 꽃 피기 전에 꽃 지는 봄이다. 지기 전에 떨어지는 봄이다.

자동차 전용도로로 출근을 하다가 노란 리본들이 매달려 흔들리는 걸 본다. 서울의 강변도로가 시작되는 광나루 부근부터 강변도로 저 끝 행주대교 부근까지 길 옆으로 이어진 노란 리본을 본다. 노란 리본은 손을 흔들고, 노란 리본은 재잘거리고, 노란 리본은 환하게 웃는다. 노란 리본은 천진하고 순진하다. 그건 영락없는 아이의 색이다. 봄의 색이다. 반갑다.

그러나 노란 리본은 바람이 불자 갑자기 아우성을 친다. 작은 꽃잎들이 세차게 흔들린다. 가지에서 떨어져 공중으로 날아가고, 어느 지점에선가 가는 곳 모르게 흩어진다. 공중으로 흩어진 노란 리본은 저기서 아스라이 손을 흔든다. 벚꽃의 허무보다 더 아스라하고 세찬 바람보다 더 격렬한 작은 손짓은, 봄 마중 인사가 아닌 작별 인사다. 그러나 작별 인사가 아니기도 하다. 노란 리본은 어디선가 계속 손을 흔들고 계속 아우성 치고 있으므로.

시민들을 상대로 한국인이 사랑하는 현대시를 조사해보면 1, 2위는 늘 김소월의 〈진달래꽃〉이었다. '슬프지만 슬픔을 표현하지 않는 (哀而不悲)' 저 애잔한 사랑의 빛깔이 한국인의 봄빛 정서를 대표한다는 뜻이기도 하다. 그러나 2014년 이후, 한국인의 봄빛은 청춘남녀가 빚어내는 사랑의 빛깔이 아니라 아이들의 천진함과 작별 인사를 뜻하는 빛깔로 바뀌었다. 이제 한국에서 봄을 대변하는 꽃은 진달래나 벚꽃이나 목련이 아닌 '개나리'다. 강변도로를 달리다가 만난 이 꽃에서 우리 시대를 사는 이 땅의 거의 모든 거주민들은 필연적으로 '노란 리본'을 보는 착시와 환영(幻影)을 반복하게 되리라.

우연히 2015년 4월 16일에 잡힌 저녁식사 자리에서 한 선배 시인이 '떨어지는 꽃잎 / 나뭇가지로 돌아가네 / 아, 나비로구나'라는 하이쿠(俳句)를 기도처럼 읊었다. 나처럼 개나리에서 노란 리본을 보

2014년 이후 '노란 리본'은 한국인의 가슴에서
매해 반복적으로 회귀하는 봄의 사건을 표상한다.

든 그 선배 시인처럼 노란 리본에서 번데기를 벗고 날아오르는 나비를 보든 간에, 우리 마음속 봄빛은 이제 바뀌었다. 우리의 봄은 결코 2014년 세월호 사건 이전의 봄으로 돌아가지 못한다. 변색된 봄의 이미지는 이제 돌이킬 수 없다.

사물에 대한 사람의 감수성을 '이전'과 '이후'로 확연히 나누는 절단면, 이것을 철학자 들뢰즈(Deleuze)는 '사건(événement)'이라고 불렀다. '사고'는 '처리'되면 끝나지만, '사건'은 집요하고 철저하게 '해석'되어야만 한다. 사건은 우연이지만, 그와 달리 필연성을 내포하고 있다는 점에서 사건은 그것이 결코 사고로 가두어질 수 없음을 드러내는 증상이다. 사건은 현재 시각에 발생했지만 그 속에는 과거의 원인과 미래의 계기들이 모여 있다. 사건은 시간들이 응집된 큐브다. 사건은 그러므로 과거를 살피게 하고 미래를 기획하게도 한다. '지금 여기'에서 발생했으나, 사건은 그 자신을 역사의 화석으로 유물화하지 않는 불온한 에너지를 품고 있으므로 끝나지 않는 현재적 시간에 해당한다.

2014년 이후 이 나라에선 '노란 리본'이라는 봄의 사건이 진행되고 있다. 봄마다, 아니 매 계절마다, 한국인의 가슴속에서 이 사건은 반복되고 그 이미지는 시시각각 회귀할 것이다. 이 사건은 한국 사회의 온갖 모순과 비극과 억압이 축적되어 일어난 필연의 결과이며, 특정한 사회 세력 혹은 정치권력이 결코 누르거나 은폐할 수 없는 강력한 에너지를 보유하고 있다. 이전으로 되돌릴 수 없는 그 끔찍한 사회적 화상(火傷)을 어떻게 살피고 돌보느냐에 따라 이 역사 공동체의 봄빛은 앞으로 또다시 달라질 것이다.

다이어리

—

반짝이는 건 출발의 순간

서른 개 또는 서른한 개의 동일한 사각형이 하나의 공간 안에서 격자에 의해 분할된다. 이 분할은 열두 달의 달력으로 포괄됨과 동시에 365개의 방으로 각각 수렴된다. 이 사물은 365개의 노트 뭉치이자 시간의 책이다.

다이어리라는 사물 내부의 이런 사각형 공란은 처음엔 누구에게나 공평하게 기계적으로 할당되어 있다. 이 분할은 모든 이에게 똑같이 주어진 바둑판의 격자처럼 보인다. 두지 않은 바둑판에 세계가 나타나지 않는 것처럼, 아직 현실과의 교섭이 없는 이 사물의 격자 표정은 무미건조하며 사무적이다. 공란에도 표정은 나타나지 않는다.

하지만 바둑판이나 노트의 공백과 달리 이 격자판에는 '시간'이라는 세계 지평이 깔려 있다. 물론 이 세계 지평은 아직 잠재적인 것, 가능성으로만 존재한다.

한 해의 마지막 즈음 이 사물을 구입하는 사람들의 심리는 무엇일까. 그 심리는 이 잠재적 세계 지평의 가시화와 관련된다. 내년도 다이어리를 설레는 마음으로 서둘러 구입하는 사람들의 부류가 있다. 가능성으로만 존재하는 미래의 자기 시간을 미리 당기고 싶고, 그 시간을 하루라도 빨리 보고 싶어 하는 이들이다. 그들은 격자판 사각형 공란에 자기 바람과 계획을 담아 아직 당도하지 않은 시간을 미리 채워 넣는다. 샤면에 의지하지 않는다는 점에서 그들은 합리적인 주술가들이다.

마법은 그때 시작된다. 천편일률적인 시간의 격자판이 남들과 다른 빛깔로 채색되고 시간의 두께가 달라지기 때문이다. 이 사물은 시간의 주인이 되려는 개인의 의지와 소망을 담은 노트다. 했던 일을 적기도 하지만 한 해, 한 달, 일주일, 하루 단위로 '할 일'과 '하고 싶은 일'을 기입하는 것에 핵심이 있다는 점에서, 이 사물은 당도하는 인생의 시간을 수동적으로 기다리기보다는 자신이 시간의 조타수가 되어 원하는 삶의 뭍에 닿으려는 이의 생활나침반이다. 이 나침반이 꼭 그 방향을 지시하기를 바라고 기념하는 마음에 요즘은 이 노트의 특정한 격자판에 부적처럼 유쾌한 스티커를 붙이기도 한다. 그런 이들은 이 사물에 자신의 미래를 투사한다. 프로젝트(project)라는 말은 '앞으로(pro)-던진다(ject)'는 라틴어에서 유래했다. '앞으로 던진다'는 것은 '떠밀리는' 것과 다르다. 기획한다, 계획한다, 투사한다, 과업, 과제라는 단어는 모두 '프로젝트'의 번역어로 같은 뜻을 공유하는데, 이러한 프로젝트를 가시화하는 능동형 사물이 바로 다이어리다.

물론 어떤 빼어난 조타수도 앞날의 파고와 세기를 정확히 예측할 수는 없다. 미래는 본래 내가 제어할 수 없는 불확실한 방향에 놓인 시간의 속성을 뜻하는 말이지 않은가. 닿고 싶은 시간의 섬들을 정해놓고 그 방향을 다이어리에 적으며 계획한다 해서 그 섬에 항상 닿는 것은 아니다. 하지만 이 사물에 무언가를 적는 순간 나는 지금과는 다른 종류의, 반짝이는 시간의 실루엣을 볼 수 있다. 이 실루엣은 내가 의도한 여행지에 도착할 것이라는 확신의 결과물이 아니라 새로운 출발, 시작을 결심하는 순간 우리가 볼 수 있는 마음의 보물섬 같은 것이다. 나는 오늘도 미리 그 보물섬을 보기 위해 다이어리에 능동적이며 합리적인 주술을 기입한다.

#button
단추

머뭇거림의 존재 양식

인공 사물, 즉 도구의 역사에서 보면 단추는 묘한 구석이 있는 사물이다. 순전히 기능적인 차원에서만 보자면, 단추는 벌어져 있는 옷자락을 여미거나 닫힌 옷자락을 풀기 쉽게 하려고 발명되어 널리 사용된다. 옷의 역사에서 단추 이전과 이후를 그 기능적 차원에서 생각해보는 일은 어렵지 않을 것이다.

단추 이전에 옷을 여미거나 푸는 데 사용된 대표적인 방법은 저고리의 옷고름처럼 끈을 통해 묶거나, 핀 비슷한 기능을 하는 작고 단단한 사물에 양쪽 옷자락을 겹쳐 끼우는 것이었다. 이때 한쪽 옷자락과 다른 쪽 옷자락 사이가 성글기 때문에 옷과 몸은 느슨하게 이

격되고 옷 틈으로 바람이 쉽게 들어간다.

이런 점에서 단추의 발명은 획기적이다. 여러 지점에 걸쳐 촘촘히 옷을 묶음으로써 바람도 덜 들어가고, 옷 안의 몸도 더 잘 가려지며, 옷자락과 옷자락 사이의 이격이 훨씬 줄어들기 때문에 옷은 몸에 달라붙게 된다. 그 결과 예전엔 부피 큰 옷에 덮여 있었던 신체의 선도 더 잘 드러나게 되었다. 단추를 발명한 이가 의도한 일이었는지는 모르지만, 결과적으로 단추의 발명과 사용은 인간 신체의 관능미에도 기여했음이 틀림없다.

이런 관점에서 초점을 단추 발명 이후의 도구로 돌려보자. 단추의 진화된 형태는 지퍼다. 지퍼는 단추가 추구한 '옷의 여미기와 풀기'를 훨씬 더 간편하고 신속하게 해결한 획기적 발명품이다. 사람의 손으로 하여금 옷의 특정 지점 하나하나에 개별적으로 머물러 '노동'하게 하는 단추와 달리 지퍼는 '한 번에' 여닫기를 해결하는 신박한 사물이다. 저고리에 옷고름을 달아 묶던 한 세기 전의 조선인들에게는 개화기 때 들어온 단추도 기특하기 이를 데 없는 사물이었겠지만, 지퍼에 비한다면 단추는 아날로그 중에서도 아날로그적인 사물이 아닐 수 없다. 단추처럼 사람의 손이 가긴 하지만 지퍼는 0과 1의 구분만 있는 디지털 세계처럼 옷 전체를 바로 벗기거나 여미게 해주는 '자동화'된 사물에 가깝다고 해야 할 것이다.

의문은 단추의 기능을 거의 완벽하게 대체한 사물인 지퍼의 발명

이후에도 왜 여전히 단추가 사용되는가 하는 점이다. 이 질문은 이렇게 바꿔볼 수도 있다. 21세기 말 정도 되는 미래의 의복에도 단추는 계속 사용될까? 만일 내게 묻는다면 대답은 '그렇다'다. 오히려 지퍼는 더 완벽한 기능적 사물로 대체되어 사라진다 해도 말이다.

왜일까. 옷에 달린 단추의 본질은 옷을 잠그지만 완전히 잠그지는 못한다(않는다)는 역설에 있어서가 아닐까. 슈트나 셔츠의 경우 옷의 양쪽 자락은 단추가 있는 지점에서 포개지지만, 그 사이로 난 틈새는 빈틈이 아닌 숨구멍처럼 보인다. 단추는 옷을 잘 여미기 위해 태어났지만, 완전히 여미는 것은 이 사물의 본질이 아니다. 단추는 그것에 기대했던 본래의 목적과 기능에 어느 정도 '실패'함으로써만 '제대로' 존재할 수 있다. 단추와 단추 사이의 '틈'이 오히려 옷의 맵시를 만들어낸다. 완벽하게 조이는 것, 완벽하게 잠그는 것, 완벽하게 은폐하는 것은 '인간적'이기보다는 기계의 속성이다. 어떤 종류의 타이트함 속에서도 틈이나 느슨함, 여지가 있는 것이 인간적 존재 양식이 아닌가. 격식을 갖춰야 하는 공식적인 자리, 또는 한 인간의 멋스러운 존재감을 최대한 발휘해야 하는 우아한 자리가 대체로 지퍼 옷이 아닌 단추 옷의 자리임을 상기해보라. 그것은 우연일까.

지퍼가 의복 이상으로 지갑이나 가방에 많은 쓰임새를 갖는 데 반해 단추의 주된 쓰임새가 가방이나 지갑이 아니라는 점에서도 단추는 압도적으로 의복을 위한 사물임을 알 수 있다. 지퍼는 그 안의 내용물이 흐르거나 빠져나갈 수 없도록 완전히 잠그고 '장악'하는 형상을 취한다. 때로 이는 무심코 완강한 소유 중심의 삶, 악착스러운 인간 의지의 물질적 표현인 것처럼 보이기도 한다. 반면 단추는 벌어진 옷 틈새와 나름의 형상적 여지를 통해 인간의 저다운 존재 모습을 상대적으로 더 드러내는 것처럼 보인다. 여기에서의 '저답다'는 어떤 가치를 포함하는 말이라기보다 인간적으로 자연스럽고, 그렇지 않으면 '숨쉬기' 어려운 인간 존재 양식을 뜻한다.

이 느슨함과 틈새, 여지는 지퍼를 올리고 내리는 것과 현격하게 다른 '단추의 시간'과도 관련이 있다. 단추는 하나하나 잠그고 풀러야 한다. 단추의 시간은 지퍼의 시간과 달리 손의 '머뭇거림'을 포함한다. 단추는 형상만큼이나 매뉴얼도, 그리고 매뉴얼에 따른 시간도 아날로그적이다. 손과 옷의 개별적 지점들이 머뭇거리며 만나는 일, 즉 여닫는 도구로서 가지는 목적의 즉각적 실현이 저지되는 유예 시간을 태생적으로 내포한 사물이 바로 단추다. 그러나 이러한 유예 시간, 그리고 거기서 발생하는 불편함을 '겪으면서' 비로소 인간의 시간이 생성되는 것일지도 모른다. 그 인간의 시간은 '경험'이라고 우리가 말하는 것과 별개의 것이 아니다(확대 해석일지도 모르겠지만 시간의 유예 없이 즉각적으로 실현되는 육체들의 노골적 결합인 포르노에 오히려 에로티시즘이 거세되어 있다는 사실을 상기해보면 이해가 쉬울지도 모르겠다).

마지막으로 맥락은 다르지만 한 가지 덧붙일 말이 있다. '첫 단추를 잘 꿰어야 한다'는 말에 관한 것이다. 이 속담은 시작을 잘해야 한다는 인간 경험에 관한 유비로 흔히 쓰이지만, 삶의 실재에 관해 이 속담이 암시하는 정작 더 중요한 가르침은 의외로 잘 알려지지 않은 것 같다. 이 속담이 암시하는 더 중요한 가르침은 단추가 지닌 개별성과 전체가 맺는 의미심장한 관계에 있는 것이 아닐까.

지퍼와 달리 낱낱의 구멍과 짝이 되고 사람의 손으로 하나하나 채워져야 한다는 점에서 단추 그 자체는 개별적인 것으로 존재하는 사물이다. 그런데 처음에 단추 하나를 잘못 채우면 나중에는 짝이 안 맞아 결국 모든 단추를 푼 뒤 다시 처음부터 채워야 한다. 단추 하나의 개별성이 집합적 전체에 결정적인 영향을 주는 것이다. 여기에서의 개별성은 단 하나의 요소가 전체에 있어 매우 중요 요인이 된다는 점에서 화학적 결합의 형태를 띤다. 옷에 나란히 달린 일곱 개의 단추는 '1+1+1+1+1+1+1=7'이라는 수식으로 표현할 수 있지만, 하나를 잘못 채웠다 해서 '7−1=6'이라는 식으로 나타낼 순 없다. 계산식으로야 맞는 말이지만 옷에서는 단추 하나가 잘못 채워지면 나머지 여섯 개의 단추도 제 기능을 발휘하지 못하기 때문이다. 이런 점에서 옷에 달린 첫 단추는 단지 첫 번째 단추가 아닌 마지막 단추이기도 하며, 결과적으로는 단추 전부에 결정적 영향을 미치는 '모든 단추'다.

드론

전지적 시점의 미디어

　문학평론가인 내가 '소설창작론' 수업을 맡게 되면 학생들에게 내는 과제 중에 '시점(視點) 바꾸기'가 있다. 중고등학교 국어수업 시간에 배웠을 '1인칭 주인공 시점'이나 '관찰자 시점' '전지적 작가 시점' 할 때의 그 '시점'을 바꿔보는 것이다. 시점은 '시야가 열리는 지점(point of view)'인데, 시선의 주체가 서 있는 지점과 같다고 해서 '서 있는 지점(standing point)'이라고도 불린다. 1인칭 시점이라면 '나'를 중심으로 내가 서 있는 지점에서 본 내 시야일 것이고, '3인칭 시점'이라면 '그'가 서 있는 지점에서 열린 그의 시야일 것이다. 소설창작론 수업에서의 '시점 바꾸기'는 곧 '나' 중심의 시야를 '그' 중심의 시야로,

그가 선 자리에서 본 전망을 내가 선 자리의 전망으로 바꿔보는 작업이다. 흥미로운 것은 이렇게 시점을 바꿔보면 동일한 소설도 전혀 다른 소설이 된다는 사실이다. 시점이 바뀌면 같은 현장에서도 내가 봤던 풍경을 그는 전혀 못 볼 수 있고, 그가 봤던 것과 내가 봤던 것이 달라진다는 걸 확인할 수 있다. 굳이 데리다(Derrida)의 해체주의나 포스트구조주의 같은 거창한 철학적 이론이 아니더라도, 이렇게 간단한 문학 훈련을 통해 보편적 진리의 불가능성을 흥미롭게 검증할 수 있다는 점에서 이 '시점 바꾸기' 실습은 시도해볼 만하다.

그런데 만일 기술적으로 가능하다면 이 수업과 관련하여 내가 앞으로 꼭 더 해보고 싶은 실습이 있다. 1인칭 주인공인 '나'도 못 보고 3인칭 관찰자인 '그'도 못 보는 시점, 말 그대로 '전지적 시점'의 확보를 가능케 하는 사물이 나타났기 때문이다. '하나의 시점'으로 지상의 한 지점에 서 있을 수밖에 없다는 점에서 '나'나 '그'는 모두 시야의 각도와 한계가 명확하다는 공통점을 가지지만, 이 사물을 사용하면 상황은 전혀 달라진다.

조종자가 직접 하늘에 올라가지 않아도 간단한 손 조작만으로 인간 시야의 각도와 한계 범위를 비약적으로 넓혀주는 드론(drone)은 흥미로운 사물이다. 작은 무인비행기에 달린 카메라는 개인의 간단한 조작으로 실시간 동영상을 제공하면서 시점의 의미를 '서 있는 지점'에서 '날고 있는 지점(flying point)'으로 바꾼다. 군사용으로 개

드론은 인간 시야의 한계를 비약적으로 넓힘으로써
'전지적 시점'의 확보를 가능케 한 사물이다.

발되었으나 앞으로는 가늠할 수 없을 만큼 다양한 용도로 활용되어 스마트폰처럼 일상용품이 될 것이 유력해 보이는 이 21세기 사물의 본질은 대단한 시점 확장력에 있다.

드론이라는 이름은 벌이 잉잉대는 소리에서 따왔다고 한다. 벌은 꽃 사이를 날아다니지만 드론은 바다와 사막 한가운데를 가로지르고, 도시의 마천루 꼭대기에 오르는가 하면 집 안에도 소리 없이 들어갈 수 있다. 이 사물이 21세기 일상에서 실어 나르는 게 무엇일지는 모르겠지만, 아마 드론의 축복이나 저주는 이 사물이 공중의 '판옵티콘(pan-opticon, '전부 본다')'이 될 거라는 사실에서 비롯될 것이다. 최근 인공지능의 발달은 시점의 전능성에 더 강력한 추진력을 달아주고 있다. 물리적으로 확보된 시점의 전능성이 자율적 인지 능력까지 갖게 된다면 어떤 일이 가능할까. 드론처럼 인간을 '다 보는' 사물이 생겨나고 있음에도, 이런 사물을 '다각도로 보려는' 인간의 노력은 기술의 발달에 비해 극히 미미하다. 미래의 묵시록은 테크놀로지 발달 자체의 문제라기보다는 그 발달에 전혀 미치지 못하는 인간의 윤리적 노력 탓에 만들어질 것이다. 미래의 얼굴은 기술 그 자체가 아니라, 기술에 개입한 인간의 실천, '기술 사회'의 모습에 따라 달라질 것이다.

등산 스틱

감각을 바꾸는 미디어

사람의 얼굴과 사자의 몸통과 새의 날개와 뱀 모양 꼬리를 가진 괴물이 동네 어귀에 떡 버티고 서서 이런 퀴즈를 낸다. '아침에는 네 발, 점심에는 두 발, 해 질 무렵이면 세 발이 되는 존재가 뭐냐?' 이 집트의 조형물을 보면 4,500년, 그리스 신화를 참조한다면 어림짐작 만으로도 최소한 3,000년은 되었으리라 추측되는 이 오래된 퀴즈는 사실 꽤 까다롭고 심오한 철학적 직관을 담고 있다. 당시 이 퀴즈에 맞닥뜨린 행인들 중 제대로 된 대답을 한 이는 위대한 드라마의 주인공인 단 한 명의 히어로뿐이었다.

물론 지금 우리는 '사람'이 이 퀴즈의 '정답'임을 알고 있다. '걸음마를 하기 전에 아기는 네 발로 기고, 걸음마 이후 두 발로 걸어 다니며, 늙어서는 '지팡이'를 짚고 '세 발'로 다니게 되니까. 스핑크스의 수수께끼라 불리는 이 유명한 그리스 신화의 한 토막은 '발'을 인간의 본질로 보고 이를 매개로 인간에 대한 철학적 퀴즈를 구성한다. 서양인에게 신들의 이야기를 전해준 최초의 작가로 일컬어지는 헤시오도스(Hesiodos) 역시 까마득히 오래전에 쓴 자기 책에서 '사람은 발을 가진 존재'라고 규정했다. 신들은 하늘에 살고, 인간은 땅에 '발' 딛고 사니까. 그것은 신성한 영토에서 노동 없이 사는 존재와 노동하는 세계에 거주하는 인간에 대한 그 나름의 규정이기도 했다.

그런데 이 수수께끼에는 인간이 아주 오랫동안 사용해온 것이 분명한 사물이 하나 등장한다. 스핑크스라는 괴물은 '지팡이'라는 사물을 인간의 '발'이라고 규정하고 있지 않은가. 이러한 스핑크스의 주장은 마치 20세기 사회학의 거장 마셜 매클루언이 '미디어'를 인간 신체의 확장이라고 규정한 것과 비슷한 인상을 준다. 그는 바퀴가 발의 확장이고 안경과 망원경은 눈의 확장, 옷은 피부의 확장, 책은 머리의 확장, 신문과 텔레비전은 입과 눈과 머리의 동시적 확장이라 하며 이 모든 확장된 신체들을 '미디어'라고 규정했는데, 그렇다면 스핑크스 역시 '지팡이'를 '발의 확장'이라 함으로써 아주 오래된 '미디어'라고 말하는 셈이지 않은가.

기왕 오버를 했으니 조금 더 나아가보자. 매클루언은 테크놀로지의 변화와 연동된 미디어에 따라 신체 감각도 변화한다고 말한다. 그렇다면 발의 확장인 지팡이도 그렇지 않을까. 지금 한국 사회에서 지팡이는 전혀 다른 감각을 체현하는 방식으로 변화하지 않았나. 예컨대 '등산 스틱'이란 사물을 보자. '스틱(stick)'이란 말은 원래 '지팡이'라는 뜻이다. 그러나 등산 붐이 불면서 뜻밖에 도시적 일상에서도 노인들이 흔히 짚고 다니게 된 이 사물은, 불과 얼마 전까지만 해도 노년의 상징이었던 그 지팡이가 아니다. '스틱'을 짚고 다니는 노인들은 허리를 꼿꼿이 펴고 자신감 있게 거리를 걸어간다. 이때 그는 '늙음'을 '노쇠한 것'이 아닌, 당당하고 자연스러운 인생 시간 행로에 있는 것으로 여기는 듯한 포즈를 취한다. 그에게 있어 지팡이는 단순히 몸을 의지하는 기구가 아니라 하나의 기호품이며 자신의 삶을 능동적이고 유쾌하게 영위하는 '미디어'인 것이다.

지팡이-스틱을 짚고 걷는 이는 요즘 흔히 '어르신'이라 불리는 경로우대 대상으로서의 노인이 아니라 외부 활동을 즐기는 한 명의 '현대인'으로 보일 뿐이다. 이렇듯 사물-미디어는 사용자의 감각을 변화시킬 뿐 아니라 한 존재에 대한 인상과 관념을 간단히 바꾸는 힘을 가지기도 한다.

라디오

라디오 스타

"넌 최고였지 / 이제 넌 한물갔어 / 비디오는 라디오 스타를 죽였어"[버글스(The Buggles)의 〈Video killed the radio star〉, 1979]

이 노래는 1981년 음악 전문채널을 모토로 새로운 방송 시대를 선언한 미국 케이블 채널 MTV가 개국 방송 프로그램의 첫 곡으로 선택하면서 더욱 유명해졌다. 음악 소리에 영상이 결합된 음악-텔레비전 시대의 선언문이 되었던 것이다. 이 음악적 선언문을 '눈으로 듣고' 있던 많은 시청자들은 텔레비전이 등장했음에도 음악방송 전문 매체로서 자기를 특화해 여전히 건재하며 대단한 존재감을 과시하고 있던 '라디오'의 시대가 이제는 정말 완벽한 종말을 고할 것이라는 당시 주장에 동의했다.

그러나 1920년 미국 피츠버그에서 세계 최초의 정규 라디오 방송국이 개국한 이래, 라디오는 문명사의 대전환이라고 불릴 말한 새로운 통신 미디어들이 나타났음에도 프로그램 영역의 다양한 개척과 확장을 통해 진화했고 흔들림 없는 독자성을 유지해왔다. 라디오는 실시간 뉴스를 들려주었으며, 대중음악의 심장부이자 발신지였고, 스포츠 중계의 메카였다. 기업들에게 라디오는 20세기 내내 가장 효과적인 광고홍보 수단이었다.

라디오는 도구의 발명이 인간 감각을 어떻게 변화시키는가 하는 측면에서도 매우 중요한 의미를 갖는다. 새뮤얼 모스(Samuel Morse), 하인리히 헤르츠(Heinrich Hertz), 굴리엘모 마르코니(Guglielmo Marconi) 등 전신·전파의 역사에서 결정적인 역할을 수행한 이들의 문명사적 아이디어 협업을 통해 탄생한 이 사물은, 우리가 지금 쓰는 '실시간'이라는 말의 의미를 지각적 수준에서 실감으로 전달한 최초의 매체다. 즉, 아주 멀리 떨어진 곳에서 전달되는 소리와 벌어지는 사건 및 수많은 개인들의 소소한 이야기를 매우 많은 사람들이 동시적으로 '함께' 듣는 일을 가능케 한 최초의 실시간 대중매체인 것이다. 이렇게 놀라운 대중전파성과 효율성 덕에 이 사물은 때로 정치 공동체의 강력한 이데올로기적 도구가 되기도 했지만, 다양한 주파수를 만들어낼 수 있다는 결정적 특징이 있었기에 인간 개개인

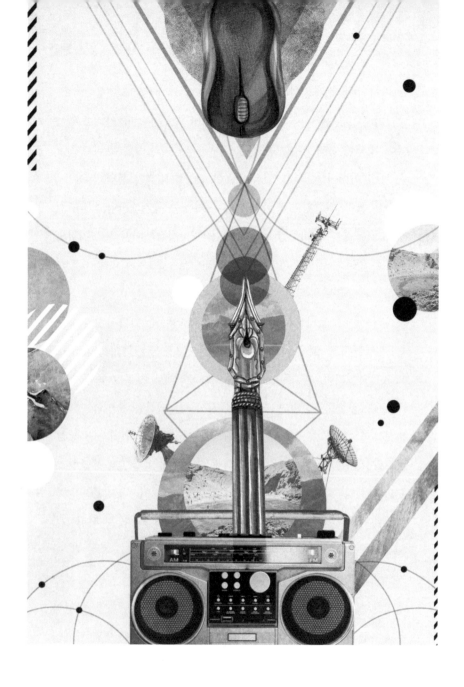

라디오는 개인의 다양한 취향과 자율성을 가능케 하는
진정한 개인주의 매체이자 해방구가 되었다.

의 다양한 취향과 자율성을 가능케 하는 진정한 개인주의 매체이자 해방구가 되어주었다. 새벽의 해적방송이나 오늘날 진화한 라디오 방송인 팟캐스트의 자유로움은 텔레비전이라는 매체가 도저히 흉내 낼 수 없는 이 사물 고유의 것이다.

게다가 아침과 정오, 오후와 자정과 새벽의 시간대마다 시시각각 달라지는 그 속삭임의 빛깔을 '들어'보라. 20세기 이후의 도시인들은 하루의 시간대를 가르는 실감을 해와 달의 운행이 아닌, 이 사물에서 흘러나오는 소리들의 변주를 통해 갖는 경우가 많았다. 자연이 아닌 인공 감각을 통해 '시간 인식'을 형성케 하는 사물 중 가장 결정적인 것을 꼽으라면 나는 라디오를 꼽겠다. 이런 인공적 시간 감각의 형성 덕에 20세기 인간들에게 있어 이 사물은 자신의 성장 서사와 떼어놓을 수 없는 것이 되었다. 라디오 소리로 분화된 하루의 시간대 어딘가에 나의 취향도 분할되어 걸려 있고, 이 취향의 시간대와 더불어 내 인생의 어느 시기도 함께 지나가기 때문이다. 한시도 스마트폰에서 눈을 떼지 못하는 21세기 엄지족의 시대에서조차 이러한 일들은 크게 달라지지 않을 것으로 보인다. 흔히들 추측하는 것과 달리 '추억은 방울방울'을 보다 가능케 하는 것은 눈을 자극하는 영상이 아닌, 귀에 얹힌 목소리와 음악 소리라고 해야 할까.

라디오 이야기를 하다 보니 매우 흥미로운 과학적 사실에서 상상의 나래를 펴게 된다. 라디오 방송국에서 전파 형태로 송출된 음악 소리를 생각해보자. 지금까지 이 사물에서부터 허공으로 퍼져나간 인간의 목소리와 음악 소리는 인간이 지구에서 멸종한 뒤일지도 모를 까마득한 미래 시간에도 지구 어딘가에서, 또 우주 어딘가에서 떠돌 것이다. 빛과 마찬가지로 일단 송출되면 사라지지 않는 것이 전파의 특성이기 때문이다. 지구의 대기권으로부터 해방되어 외계로 나아간 비틀스와 들국화의 음악은 우리가 감각하지 못하는 시간과 공간을 지나 언젠가는 우리가 상상할 수 없는 어느 먼 별의 미지의 존재에 닿을 것이다. 우리의 10대 시절을 키우고 위로해주었던 그 음악이, 우리가 지구와 우주에서 먼지가 되어 사라진 후에도 말이다.

라디오는 그래서 별, '라디오 스타(radio star)'다.

마우스

클릭이 시작이다

그 세계로 들어가려면,

우리는 반드시 한 점을 클릭–선택하지 않으면 안 된다.

만년필

찌르는 방패

우리말로 '만년필(萬年筆)'이라 번역된 사물의 본래 이름은 '파운틴 펜(fountain pen)'이다. '샘물이 솟아나오는 펜' '샘물을 담은 펜' 정도로 의역할 수 있는 이 사물은 펜 내부에 채워 넣은 잉크가 펜을 사용할 때마다 모세관 현상에 의해 펜촉에 적절한 양으로 흘러나오게 하는 기술을 이용한다. 처음엔 잉크 저장탱크가 달린 펜으로 1809년 프레드릭 폴슈(Fredrick Folsch)라는 사람에 의해 특허출원되었으나, 진정한 만년필로서의 면모는 1884년 보험외판원 루이스 에드슨 워터맨(Lewis Edson Waterman)에 의해 갖추게 되었다고 한다. 워터맨은 중요한 계약서를 쓸 때 사용하는 이 사물이 결정적 순간마다 잉크가 마구 흘러나와 서류 계약을 망치는 일이 반복되자 잉크 양이 적절히 조절되는 펜을 만들겠다고 마음먹고선 만년필을 발명하게 되었다. 만년필의 대명사인 '워터맨(Waterman)'은 그 보험외판원이 자신의 이름을 따서 설립한 만년필 제조사이자 브랜드다. 워터맨 덕에 획기적인 실용성을 갖게 된 만년필은 아시아에도 빠른 속도로 널리 보급되었는데, 우리나라에 첫선을 보인 것은 1897년 일본을 거쳐 워터맨 만년필이 수입되었을 때였다(왕연중, 『발명상식사전』).

처음 동양에 전파되었을 때 이 사물은 영어명을 직역한 '천필(泉筆)', 또는 묵을 토해낸다 하여 '토묵필(吐墨筆)'로 불렸다고 한다(박종진, 〈만년필의 이름〉, 『샘터』 2015년 10월호). 그러다가 '잉크만 넣어주면 오랫동안 쓸 수 있는 펜'이라는 뜻의 '만년필'이라는 명칭이 점차 널리 쓰이기 시작했다.

'만년필'이라는 명칭은 이 사물의 잉크 저장 능력에 초점을 맞추고 있지만, 워터맨의 문제의식에서 볼 수 있듯 만년필의 기술적 핵심은 잉크를 담고 있다는 것보다는 그 잉크를 사용할 때마다 얼마나 적절하고 정교하게 펜촉으로 흐를 수 있게 하느냐에 있다. 그런데 만년필을 자주 사용하는 사람만 아는 사실이 있다. 아무리 기술적으로 모세관 현상을 잘 이용하여 만든 것이라 해도 만년필로 처음부터 예쁜 글씨를 쓰는 일은 보통의 연필이나 볼펜에 비해 훨씬 더 어렵다는 사실이 그것이다. 이 사물은 손이 그것을 쥐는 방식이나 모양에 따라 펜촉과 종이가 만나는 각도, 종이에 가해지는 펜촉의 압력에 따라 필체에 미묘하지만 큰 차이를 만든다. 보통의 펜에 비해 그래서 이 사물은 사용자로 하여금 펜촉과 그것이 닿는 지면(紙面), 그리고 글씨가 쓰이는 지점과 형세에 대해 예민한 집중력을 발휘하지 않으면 안 되게 하는 경향이 있다.

만년필의 이러한 경향은 이 사물을 구닥다리 유물처럼 느끼게 만들기도 한다. 편리하기 그지없으며 매우 부드럽고 그립감 좋은 각종 필기구가 쏟아져 나오는 현실에서, 만년필은 클래식한 멋은 있지만 비싸고 불편하며 낡은 유산을 상징하는 사물처럼 되어버린 면이 실제로 적지 않다. 어느 텔레비전 드라마에서 한 유명 배우가 극중 대사를 통해 이제는 유용하게 쓸 데도 없는데 그렇다고 버릴 수도 없는 '어정쩡한 만년필'에 자신의 늙은 남편을 비유했을 때, 나는 만년필의 위상이 과거와 얼마나 달라졌는지를 실감했다.

처음 발명되어 전통적 펜과 붓을 대신했을 때의 만년필은 '이동성'과 '자동성'을 내포한 획기적인 현대의 사물이었을 테지만, 현란한 기술 시대인 지금 이 사물은 '최초의 현대적 사물' 중 하나가 됨으로써 가장 오래된 현대, 현대의 가장 고전적인 아날로그가 되어버렸다. 그런데 나는 만년필의 이 조금은 불편한 사용법과 예민한 감각을 오히려 근자에 들어 더 새롭게 보게 된다. 손으로 글씨를 쓸 때면 나는 컴퓨터 자판을 두드릴 때와는 다른 종류의 자유로운 상상력과 사유의 집중력을 갖는 경험을 하는데, 그러한 필기적 감각 경험이 가장 극대화되는 순간이 아마 만년필을 손에 쥐는 때가 아닌가 싶다.

만년필의 역사이기도 한 워터맨 만년필의 역사에서 가장 유명한 순간은 현대 유럽의 정치 지형을 결정적으로 그려낸 베르사유조약 조인서에 로이드 조지(Lloyd George) 경이 서명을 하는 순간이다. 사실 워터맨의 경우뿐 아니라 만년필의 역사는 적어도 20세기 이후에 이루어진 한 사회나 역사의 중요한 서약 혹은 조약의 순간과 함께하는 경우가 많았다. 개인이나 회사의 역사에 있어서도 마찬가지일 것이다. 그 이유를 만년필이 외관을 통해 두르는 아우라에서 찾을 수도 있겠지만, 이 사물을 사용할 때 발휘해야 하는 사용자의 집중력과 예민함과 연관해서도 생각해볼 수 있지 않을까.

아마도 20세기를 통틀어 작가들이 가장 사랑했던 사물을 설문조사해보면 만년필은 세 손가락 안에 꼽힐 것이다. 그것은 만년필이 단지 필기구라서가 아니라 이 사물의 사용법, 이 사물의 감각 자체가 기본적으로 고도의 집중력과 세심함을 요구하기 때문이다. 만년필로 글씨를 쓰는 행위는 마치 동양의 붓글씨가 그러한 것처럼 덧칠을 허용하지 않기에 '한 번에' 써야만 글씨 모양이 제대로 나온다. 이 '한 번의 글쓰기'는 작가적 관점에서 보면 타협 없는 정신을 예민하게 반복하는 단련의 상황처럼 느껴지기도 한다. 그런 점에서 작가적 무의식에서는 만년필을 쥐고 이루어지는 글쓰기의 손놀림이 매 순간

'단칼에' 정신의 난잡함을 베어내고 진리를 개방하는 검객의 칼솜씨로 연상되고 있을지도 모를 일이다. 일도양단(一刀兩斷)이라는 경지에 이른 솜씨 말이다.

그러나 작가의 칼은 예민하지만 순결한 칼쓰기를 지향한다는 점에서 누구도 해치지 않으며, 궁극적으로는 모두를 살리는 생명의 단칼이 되기를 희망한다. 그러기 위해서는 지극히 높은 정신·지혜의 경지와 생명의 순도가 유지 및 연마되지 않으면 안 된다.

만년필의 펜촉 부분을 보면 그 모양은 특이하게도 두 개의 서로 다른 사물이 결합되어 있는 것처럼 보인다. 뾰족한 촉은 영락없이 찌르는 창 혹은 날카롭게 베는 칼이다. 그런데 그 촉을 이루는 몸뚱이를 보면 모가 나지 않은 삼각 방패의 모양이다. 중국 전국 시대의 정치사상가였던 한비자(韓非子)는 양립될 수 없는 논리의 비공존성을 두고 '찌르는 창과 막는 방패가 함께 있을 수 없다'며 창과 방패, 즉 '모순(矛盾)'이라고 표현했으나, 만년필이야말로 '모순'을 한 몸에 담고 있는 사물이 아닐까. 만년필로 쓰는 글은 찌르되 동시에 해치지는 않는 것, 그러므로 표면의 날카로운 논리가 궁극적으로는 생명의 가치를 보호하는 방패가 되기 위한 정신의 운동이라는 사실, 바로 그것을 암시하고 있는 듯하니 말이다. 만년필을 사랑한 마크 트웨인 (Mark Twain)이 『허클베리 핀의 모험(Adventures of Huckleberry Finn)』을 쓰면서 '찌르는 웃음'으로서 '위트(wit)'에 대해 말했을 때, 그가 결국 얘기하고 싶었던 것도 그것이 아니었을까.

이제는 쓰임새가 현저히 줄어들었으나 아마 만년필로 쓰인 수많은 작가들의 작품 속에, 또 만년필로 이루어진 수많은 개인들 간의 계약 서명에도 그러한 '소망'은 서려 있으리라.

목욕탕의 탕

#bath

카타르시스형 사물

한국형 여름 날씨에 가장 견디기 힘든 건 습기다. 순전한 더위보다 몸에 끈적끈적하게 스며드는 습기가 불쾌지수를 크게 높인다. 장마철에는 날씨 탓에 생긴 습기가 몸에서 솟아나는 열기와 뒤범벅되어 조금만 몸을 움직여도 땀이 된다. 도시인의 여름 필수품으로 자리 잡은 에어컨이 더위만큼이나 습기가 야기하는 불쾌감도 제거함으로써 쾌적함을 만든다는 사실은 이제 상식이 되었다. 그런데 무더위의 습기를 제거하는 더욱 근본적인 방법이 있다. 습기를 더 강한 습기로, 땀을 더 강력한 땀으로 몰아내는 이 방법은 바로 뜨거운 '탕(湯)'에 들어가 목욕을 하는 것이다.

공중목욕탕에 가면 두 가지 과정을 거쳐 목욕을 하게 된다. 우선은 샤워다. 몸의 표면에 흐르는 땀을 물로 닦아내는 것이다. 이것만으로도 몸의 불쾌감은 진정된다. 그러나 공중목욕탕의 핵심은 그다음 과정에 있다.

목욕탕 한가운데에는 커다란 사물이 놓여 있다. 흔히 '탕'이라 부르는 커다란 공동 욕조다. 탕에 들어가 앉으면 조금 후부터 얼굴, 두피, 손발, 가슴에 이르기까지 온몸에 땀이 송글송글 맺힌다. 이때 우리는 몸 자체가 수증기를 분출하는 물통이라는 사실을 알게 된다. 샤워기와 반대로 목욕탕의 큰 욕조는 땀을 닦아내는 것이 아니라 오히려 땀을 생성함으로써 노폐물을 원천적으로 제거한다. 더위에 지친 몸은 시원한 물로 샤워할 때보다는 뜨거운 물로 뜨거운 몸이 되는 과정을 거치면서 더욱 '시원함'을 느낀다. '이열치열(以熱治熱)', 열을 열로써 다스린다는 말이 여기에 해당할 것이다.

이열치열의 원리는 동서양을 막론하고 의학적으로도 예로부터 상당히 근거 있는 것이었다. 서양 철학사에 지대한 영향을 미친 대철학자 아리스토텔레스(Aristoteles)가 『시학(Peri poietikes)』에서 언급한 '카타르시스(katharsis)'라는 말은 당시 '배설'이라는 뜻을 가지고 있었다. 그러나 카타르시스는 원래 예술에 대한 단어가 아니라 아리스토텔레스와 동시대를 살았던 명의 히포크라테스(Hippocrates)가 즐겨 사용했던 '이열치열'의 방법론을 적용한 의술 용어였다. 히포크라테스는 병을 앓아 열이 나는 사람의 몸을 오히려 뜨겁게 만들어 열을 '배설(배출)'하게 한다는 데 착상한 방법론을 즐겨 썼다고 한다.

다방면에 해박했던 대학자 아리스토텔레스가 이러한 의술을 몰랐을 리 없다. '시', 즉 비극을 분석하면서 그는 관객으로 하여금 깊은 '슬픔(eleos)'과 강도 높은 '공포(phobos)'에 대면하게 함으로써 오히려 정서적 배설 효과(카타르시스)를 얻게 하는 것이 비극이 가지는 중요한 특징이라고 해석했다. 이때 시를 감상하면서 발생하는 정서적 메커니즘을 신체 감각의 차원인 '배설'로 표현한 이유는 그 상태가 신체가 배설 시 느끼는 '시원함'과 사실상 유사한 종류의 쾌감이라는 그의 직관 때문이다. 이에 따르면 삶의 심연을 들여다보는 과정으로서 갖는 슬픔 및 공포와의 진정한 극적 대면을 통해, 인간은 오히려 슬픔과 공포로부터 해방되는 정신적 계기를 가질 수 있다. 카타르시스, 즉 배설이란 결국 인간과 세계, 자기에 대한 참된 이해에 도달하기 위해 타자의 고통을 추체험(追體驗)하는 일이라 할 수 있다. 이 배설은 신체적이면서도 정서적이며, 그 바닥에는 자기와 세계에 대한 지적 이해가 깔려 있다.

목욕탕의 '탕'은 샤워기와 달리 땀을 닦아내는 게 아니라 오히려 그것을 생성하는 데 필요한 카타르시스형 사물이다. 땀 때문에 불쾌해진 몸을 근본적으로 시원하게 만드는 방법은 땀을 회피하는 게 아니라 더 강력한 땀을 흘리는 것이다. 그리고 그 과정에서의 관건은

우리는 목욕탕의 탕에서
이열치열의 카타르시스를 체험한다.

외부의 습기로 땀이 바깥에서 맺히는 것이 아니라, 자기 육체를 뜨겁게 하면서 몸속에서 땀이 솟아나게 한 후 배설하는 것이다. 이러한 종류의 시원한 배설감에서 스스로를 단련시키고 진정한 해방감을 얻는 정신의 메커니즘을 배울 수는 없을까.

무대 조명

생명을 품고 있는 어둠

    태초에 빛이 있었다. 천지창조의 순간에 대한 가장 강력하고 오래된 이미지를 성경은 이런 식으로 말하고 있다. 모든 것은 빛으로부터 시작하고, 그 빛은 생명의 원천이라고 말이다. 말로는 저렇게 표현하지만 상상할 수 없고 묘사조차 불가능한, 태초(太初)의 시간이란 어떤 것일까.

    '빛은 생명이요 생명의 시작은 빛과 함께'라는 성경의 사고방식은 이 불가능한 상상에 유용한 이미지를 제공한다. 그리고 어쩌면 이것은 궁극적이고 무한한 존재에 대해 인간이 상상할 수 있는 유일한 방식일지도 모른다.

그런데 동아시아의 옛 생각 중에는 이에 대해 전혀 다른 형이상학을 전하는 것이 있다. 『장자(莊子)』 '응제왕(應帝王)' 편에는 다음과 같은 이야기가 실려 있다. 남해 임금과 북해 임금이 중앙 임금이 거느리는 영토에서 만났는데, 그 임금의 이름은 '혼돈(混沌)'이다. 혼돈이 자신들을 잘 대접해주자 남해의 임금과 북해의 임금은 그에 대한 보답으로 보고 듣고 먹고 숨 쉬는 데 필요하다는 '일곱 개의 구멍'을 매일 하나씩 뚫어준다. 성경이 천지창조의 시간을 안식일을 포함하여 7일 단위로 사고한 것처럼, 동양의 이 오래된 고전도 7일을 기준으로 우화적인 형이상학을 풀어놓는다. 여기에서 혼돈에게 차례로 선물해준 일곱 개의 구멍은 '숨구멍'으로서 어떤 질서에 대한 암시이며, 생명(의 논리)에 대한 일반적 사고방식을 비유하고 있다. 성경에 대입하자면 숨구멍은 '태초의 빛'과 유사한 맥락에서 이해해야 할지 모른다. 주목할 점은 성경의 우주와 달리 『장자』에서의 혼돈은 이레째 되는 날 죽어버렸다는 것이다. 숨구멍인 줄 알았던 그 구멍은 생명을 주는 것이 아니었다.

이 수수께끼 같은 이야기의 의미는 여러 가지로 해석될 수 있겠지만, 분명한 것은 『장자』에서 '혼돈'은 소거해야 할 대상이 아니라는 사실이다. 아직 생겨나지 않은 것, 경계가 분명하지 않은 것, 불확실한 것, 훤하게 밝혀지지 않은 것. 그것은 죽음이 아니라 보존되어야 하는 것이며 그 자체가 생명의 원형이다. 태초에는 빛(질서)이 아닌 어둠(혼돈)이 있었고, 이 어둠은 곧 생명이었다.

암전되어 어둠에 덮인 연극 무대를 보고 있다. 무대 조명이 켜질 때마다 배우들이 연기를 하지만, 연극을 오래 보면 한 가지 사실을 알게 된다. 무대의 세계에서 진짜 중요한 것은 빛이 켜져 있는 그 순간이 아니라 암전된 어둠의 시간이라는 것을. 막(幕)과 장(場) 사이의 암전된 시간은 무대의 변화가 준비되고, 천지개벽이 예비되는 시간이다. 어둠은, 혼돈은 아무것도 아닌 게 아니다. 그것은 생명을 예비하고 생명을 품고 있으며 생명의 대전환을 예고하는, 그 자체로 온전한 시간이자 세계다. 그런 점에서 빛을 '조명'하는 사물이 아니라 오히려 생명의 어둠을 관장하는 사물이다.

묵주

#rosario

기도에 깃든 장미향

'묵주(黙珠)'는 가톨릭교회에서 기도할 때 쓰는 성스러운 사물, 성물(聖物)이다. 열 개의 묵주 구슬이 한 단을 이루고, 다섯 단이 연결되어 목걸이나 팔찌나 반지로 만들어진다. 묵주 구슬은 유리나 나무로 만드는 게 보통이다. 묵주는 '기도할 때 쓰는 구슬'이라는 뜻으로 번역한 한자어지만 본래는 로사리오(rosario), 즉 '장미 다발'이라 부르고, 그래서 묵주 기도를 '로사리오 기도'라고도 한다.

묵주가 로사리오(장미)인 까닭은 아마 성모 마리아 교리와 관련이 있을 것이다. 그러나 나는 교리와 무관하게 이 기도의 감각에서 감지되는 여성성에 이끌린다. 묵주에 나를 묵상에 잠기게 하는 힘이 있다면, 그것은 이 작은 구슬들에 깃든 묘하고 경건한 장미향 때문이 아닐까.

괴테(Goethe)의 『파우스트(Faust)』 마지막 장면에서 악마에게 영혼을 판 파우스트 박사는 이렇게 외친다. "영원히 여성적인 것이 우리를 들어올린다(구원한다)." 이 말은 '진리는 여성적이다'라는 니체의 말만큼이나 수수께끼 같지만, 기도와 구원이 여성적인 것과 관련된다는 직관은 시인과 철학자들의 사색 속에서 오랜 전통을 가진다.

'길에서 잠든 사람이 눈을 감은 채 긴 이야기를 시작하자 / 기도하던 여자들은 / 어디에서나 자라나는 묘지를 바라보았다'(이장욱, 〈불가능한 이야기〉)라는 우리 시대의 시적 증언은 또 어떠한가. 기도하는 존재는 '여자'이며, 그 여자들은 죽은 묘지에서 생명의 움직임('자라나는')을 본다. 매우 직설적이고 파격적인 시어를 보여준 시인 김수영조차도 깊은 신심을 발휘해야 하는 순간에는 '꽃'에 의지해 기도했다.

'꽃을 주세요 아까와는 다른 시간을 위해서'(김수영, 〈꽃잎 2〉)

모든 기도는 '아까와는 다른 시간'에 대한 소망이다. 그러나 기도는 가시적인 희망의 소원이라기보다는 극단의 어둠 속에서도 끝내 절망을 수락하지 않겠다는 스스로의 의지와 용기의 표명이다. 이 의지와 용기에는 흙탕물이 된 세계를 정화하는 '여성적인 것'이 깃들어 있다. 2,500년 전 소포클레스(Sophocles) 비극의 여주인공 안티고네는 이 여성적인 것의 내용을 이런 대사를 통해 암시했다.

"우리는 다투기 위해서가 아니라 사랑하기 위해 태어났어요."

go stone
바둑알

시민전쟁

"하루 종일 밥만 배부르게 먹고 마음 쓸 재미난 일이 없으면 얼마나 힘든 일이겠니. 장기나 바둑이 있지 않니. 그거라도 둬보는 게 어때?" 이 다정다감한 말은 친구가 한 게 아니라 기원전 사람인 공자(孔子)가 한 것이다. 장기와 바둑이 꽤 오래된 놀이임을 알 수 있는 얘기지만, 고대 사회의 예(禮)를 종합하여 공동체 질서의 근거를 제공한 저 유명한 학문적 스승도 일상에서 놀이를 권유했다는 사실을 알 수 있어 흥미롭다. 요즘 같으면 보드게임을 함께 하자고 권유했을지도 모르겠다. 성인(聖人)은 완강한 규율에 사로잡힌 꽉 막힌 답답한 사람일 것이라고 흔히들 추측하겠지만 원류(源流)가 되는 큰사람일수록 실은 더 너그러우며 유머러스하다.

바둑은 장기와 비슷해도 많이 다른 놀이다. 이 둘의 차이는 사각형 격자판 위를 돌아다니는 바둑알과 장기알의 차이를 통해 드러난다. 바둑이든 장기든 이 놀이들을 전쟁 상황에 대한 비유로 보는 것은 어렵지 않다. 그것은 승부를 겨루는 게임 자체에 내재한 본질이기도 하니까. 한(漢)나라나 초(楚)나라 같은 국가명, 왕과 장군과 졸병의 계급장이 새겨진 장기알에서 알 수 있듯이 장기는 국가를 거대한 병영(兵營)으로 해석한 놀이다. 다른 하나를 죽여야 내가 사는 호전성은 초와 한 두 국가 사이에만 내재한 게 아니라 같은 색깔로 표시되어 있는 장기알들 내부 계급 관계에도 스며 있다.

이에 비해 바둑알의 흑과 백은 차이를 표시하되 뚜렷한 사회적 상징성은 지우고 있다는 점에서 훨씬 더 추상적이다. 흑과 백은 특정 국가의 상징이 아니고, 계급 차이를 드러내지도 않으며, 선악의 윤리적 대비를 표시하는 것도 아니다. 주목할 점은 흑의 바둑알이나 백의 바둑알이 위계 표시가 없는 '평등한' 돌이라는 것이다. 장기알이 서열에 따른 개별적 전투를 일대일로 치르는 데 비해 바둑알은 평등한 돌들의 협동을 통해 집을 짓는 총체적 전쟁을 치른다. 왕 하나가 잡히면 끝나는 장기에 비해 바둑에서 중요한 것은 평등한 개별성들이 함께 모여 이룬 전체의 형세(집)다.

페르시아 전쟁을 다룬 아이스킬로스(Aeschylos)의 그리스 비극 중 하나에는 페르시아 여왕이 그리스인들의 강력한 저항에 놀라 "그들에게는 왕이 없는가?"라고 질문하는 장면이 있다. 가신으로부터 돌아온 답변은 "없습니다."였다. 헤로도토스의 『역사』에는 '그리스인들은 오직 법률에만 복종한다'는 대목이 나온다. 압도적 군사력의 페르시아에 승리한 그 기적의 전쟁을 고대 그리스인의 편에서 해석해보자면 그것은 흡사 평등한 바둑알들이 벌인 '시민전쟁' 같은 게 아니었을까.

box

박스

공동체(共同體)가 아닌 공동체(空同體)

5월이 낀 시즌은 흔히 '감사(感謝)의 계절'로 불린다. 어린이날, 어버이날, 스승의 날. 감사를 꼭 그날에만 하는 것은 아니지만, 공식적인 기념일을 그냥 지나치기에는 마음이 편치 않은 게 사실이다. 그래서 간혹 평소 챙기지 못했던 이들에게 마음의 표시를 하는 대가로 제 '마음의 평화'를 챙기기도 한다.

상대가 누가 됐든 마음을 표시하는 데 있어서는 '폼(form)'이 중요하다. 폼의 기본은 구겨지지 않는 것이다. 형태가 원 상태대로 '빳빳하게' 유지되어야 한다는 말이다. '박스(box)'는 선물하는 물품의 '폼'을 유지시키는 데 매우 유용하다. 이 사물은 내용에 상관없이 그 안에 담긴 선물에 가지런한 인상을 부여하고 단정한 품새를 유지시킨다.

이런 기능성은 박스 모양 그 자체에서 나온다. 자기 안에 담을 물건의 폼을 유지시키기 위해 박스 자신은 내용을 갖지 않는, 즉 비어 있는 폼을 하고 있다. '내용 없는 폼'이란 박스가 '형식'만 가지고 있는 사물이라는 뜻이다. 형식만 있기에 박스는 다양한 내용물을 담고 그것들의 폼을 저마다 고스란히 유지시킨다. 사과도, 옷도, 과자도, 볼펜도, 인형도, 책도 박스 안에 모두 담을 수 있다. 우리는 이 다양한 아이템들을 거기에 담고, 구겨지지 않은 원형 그대로의 것을 아이에게, 또 부모님과 선생님께 선물로 건넨다.

문득 어린 시절 크리스마스 시즌이면 선풍적인 인기몰이를 하며 출시됐던 종합선물세트가 생각난다. 커다란 박스 안에 과자, 초콜릿, 사탕, 껌 등 여러 종류의 것들이 '종합적으로' 들어 있던 그 선물세트에서도 박스는 다양한 과자들을 구겨지지 않고 공존하게 하는 사물이었다. 하나 안에 담긴 다양성을 보존하는 '형식', 요즘 식으로 말하자면 '플랫폼'이었던 것이다.

선배 선생님으로부터 언젠가 흥미로운 제안을 받은 적이 있다. 공동체(共同體)에서 쓰이는 '같을 공(共)'자를 '빌 공(空)'로 바꾼 '공동체(空同體)'를 상상해보자는 것이 그것이었다. '(같은) 내용'을 공유하는 게 아니라 오히려 내용을 비움으로써 가능해지는 공동체. 그런 공동

박스는 서로 다른 구성물들을
구겨지지 않게 공존시키는 플랫폼이다.

체는 어떤 모양일까. 철없는 나는 그게 어린 시절 종합선물세트의 박스 같은 모양이 아닐까 생각해보는 중이다. 내용이 같은 것들로 이루어진 공동체가 아닌, 서로 다른 구성물들을 구겨지지 않게 공존시키는 공동체. 그런 공동체는 '담을 수 있다'는 최소한의 프레임만 가질 뿐 구성물의 기준을 동질화하지는 않는다.

어쩌면 가장 진화된 형태의 '민주주의'도 그런 것이 아닐까. 내게 민주주의는 권력 분립이나 제도에 관한 이론이라기보다는 다른 존재들 간의 공존을 모색하는 실험과 태도로 간주된다. 특정 내용이나 뚜렷한 이념에 따라 방향을 만들어가기보다는 이질적인 요소들 간의 대립과 갈등 그 자체를 삶의 '정상적인' 상태로 인정하고 그것을 순치·조정하는 방식으로 공동체의 존립을 도모하는 체제. 그 체제가 과자종합선물상자처럼 다양하고 신나는 박스가 되려면 '비어 있어야' 하는 것은 아닐까. 역사적으로 존재했던 모든 정치 공동체(共同體) 중 구성원들에게 강력한 공통 내용을 제시하고 선별하려 했던 것들이 결과적으로는 삶을 억압했다는 사실은 반면교사가 될 수 있다.

protective clothing
방제복

외계 점령군

단추 틈새나 바지와 웃옷 사이, 웃옷이 끝나는 목 솔기 부분 혹은 바지단이 끝나는 발목 부분 등 모든 옷에는 살과 옷 사이로 공기가 새어들어가는 숨구멍이 있다. 그러나 어떤 특수한 옷은 옷이 숨쉬기도, 살이 숨쉬기도 어렵게 철통같이 완강한 모양새를 하고 있다. 약간의 피부도 대기에 노출되는 것을 차단하는 이런 옷은 옷을 입은 사람과 옷이 서로 분리될 수 없는 '하나'의 존재, 낯선 별에서 온 외계 사물처럼 느껴지게 한다.

방제복은 너무 낯설어 도무지 지구상의 옷 같지가 않다. SF 영화에 자주 나오는 우주복과 이 사물은 잘 구별되지 않는다. 외부에서 볼 때 이 사물 안에 사람이 들어 있다는 사실은 얼굴 부분이 드러나는 투명 유리를 통해서만 알 수 있다. 무서운 전염병이 창궐하는 재난 영화에서의 방제복은 얼굴 부분이 대개 투명 유리가 아닌 어두운 색깔의 유리로 되어 있어 착용자들의 얼굴과 시선을 가리고 있다. 아폴로 호를 타고 달에 발을 딛던 우주인이 우주복을 입은 '지구인'이라는 사실을 명확하게 알 수 있는 데 비해, 전염병이 휩쓰는 위험한 상황의 지구에 갑자기 나타난 방제복 차림의 존재들은 지구인이 아니라 오히려 지구인을 '잡으러' 온 다른 혹성의 외계인 같아 섬뜩하게 느껴지기도 한다.

카뮈의 소설 『페스트(La Peste)』에는 전염병이 창궐하여 행정당국에 의해 폐쇄되고 게토화된 오랑 시(市)가 나온다. 이곳에서 필사적으로 시민을 구출하는 의사와 신문기자가 맨몸이었던 것과 달리, 한국 영화 〈감기〉에서 분당에 투입된 방역군은 방제복 차림이다. 이 군인들은 시민을 구출하는 게 아니라 오히려 진압하고 격리하며 심지어는 죽인다. 시민들이 맨살로 오염된 대기에 노출된 것에 반해 방제복이란 안전한 옷을 입고서(입었으므로), 그들은 사람이 아닌 외계의 낯선 존재 혹은 살아 있지 않은 기계처럼 사물화되어 움직인다.

이런 재난 영화에 등장하는 방제복 차림의 이들은 그들을 바라보고 있는 시민들에게 자신들의 시선을 차단하고, 시민들에게는 질병과 관련한 어떤 정보도 주지 않으며, 시민을 위해 시민과 함께할 어떤 의지나 필요성도 느끼지 않는 존재처럼 행동한다. 아이러니한 것은 고작 마스크 하나를 입에 두르고 전염병의 공포와 싸우는 시민들 앞에 나타나 외계 점령군처럼 움직이는 그들의 방제복이 시민의 세금으로 만들어졌다는 사실이다.

최근 현실에서도 이 영화와 비슷한 느낌을 받은 적이 있다. 메르스의 공포가 확산되던 시기, '정부'라는 외계 행성에서 출현한 방제복의 낯선 그들을 봤다. 그때 난 생각했다. 저들은 누구인가?

밴드

상처 난 자리가 중심이다

픽사(Pixar)는 애플의 창업주 스티브 잡스(Steve Jobs)가 세운 영화사인데, 이 회사가 만든 세계 최초의 3D 애니메이션 〈토이 스토리(Toy Story)〉는 다시 봐도 감동적인 데가 있다. 어른이 된 내 관점에서 그 영화의 감동은 나 자신에 대해 느끼는 겸연쩍음 같은 것에서 비롯되는 듯하다. 어릴 적 많은 시간을 함께한 동무였던 장난감을 언제부턴가 내동댕이치고, 결국은 그것을 망각하는 것이 어른이 되는 과정임을 보여주는 이 영화에서 나 자신을 보았기 때문이다.

당신에게 있어 어릴 적 가장 고마웠던 사물은 무엇인가. 당신과 많은 시간을 함께하거나, 당신을 보살펴줬거나, 당신을 위로해줬던 사물은 무엇이었나. 기억난다면, 그 사물은 지금 어디에 있는가. 지갑에 반창고의 일종인 '밴드'를 넣고 다니는 한 선배를 만나고서야, 나는 내게 있어 저 사물이 그런 종류의 것이었음을 깨달았다. 난 빈집 지붕에 올라가 뛰어내리기 놀이를 좋아했던 까불이였고, 초등학교에서 가장 달리기를 잘하는 날쌘돌이였다. 그만큼 넘어지는 경우도 많아서 종아리가 긁히거나 무릎과 팔꿈치가 까지는가 하면 이마가 깨지는 일도 빈번했다. 할퀴는 버릇을 가진 동무가 있어 종종 손톱자국이 난 얼굴로 집에 들어간 적도 있다. 종아리건 무릎이건 팔꿈치건 얼굴이건 그 자리에는 우선 '밴드'가 붙었다. 스스로 붙일 때도 있었지만, 대개는 엄마의 따뜻한 손길이 있었다.

군인이 전쟁터에서 얻은 영광의 상처인 양, 내게 그 사물은 용감하고 날쌘 아이가 신나는 놀이터에서 얻은 훈장이기도 했다. 매우 적은 양의 피에도 놀라 울먹이는 어린이에게 이 작은 사물은 실제 이상으로 아이를 안심시키는 심리적 효과를 주고, 역설적으로 아이는 밴드를 붙임으로써 대단한 부상 부위를 제 몸에 달고 있는 양 으쓱해지기도 하는 것이다.

하지만 이 사물의 효과를 과장이나 심리적인 것으로만 치부할 수는 없다. 의학적으로 보면 대단치 않지만, 이 사물을 붙이는 자리의 그 작은 상처는 종일 몸 전체를 대단히 불편하게 한다. 몸이란 참으로 예민해서 아주 작은 상처, 아주 작은 통증만 생겨도 신경은 그 자리를 향해 쏠리고 집중도 잘 되지 않는다.

　이때 문득 이런 질문이 떠오르는 것이다. 우리 몸의 '중심'은 어디일까. 배꼽일까, 심장일까, 얼굴일까, 아니면 허리일까. 혹시 중심은 고정적인 특정 자리가 아니라, 이 작은 사물을 붙여야 하는 그 상황에서 발생한 바로 그 상처의 자리가 아닐까. 상처에 몸 전체의 신경이 집중됨으로써 육체와 정신도 꼼짝없이 그 자리에 구속되기 때문이다. 그러고 보면 이 작은 밴드란 결코 만만한 사물이 아니다. 몸의 '중심'을 긴급히 돌보는 사물이니 말이다.

　이런 사고를 확장시켜보자. 사람의 신체뿐만 아니라 사회에도 중심이 있다면? 지금 이 시각 아픔을 호소하는 곳이 있다면, 그런 존재가 있다면 거기가 바로 사회의 중심이요 이 순간 가장 중요한 자리가 아닐까. 그 자리를 돌보는 것은 사회라는 신체 전체를 돌보는 일이기도 하다. 엄마가 붙여준 밴드처럼 그곳에도 밴드가 필요하다. 엄마와 밴드의 그러한 역할은 사회 구성원인 우리도 같이 할 수 있다.

#pillow
베개

매일매일 다른 것과 만나는 통로

출장 업무를 마치고 저녁에 찾아간 호텔은 맘에 들었다. 체크인을 하고 키를 받아 방으로 들어간다. K는 호텔 냄새를 좋아한다. 이 특유의 냄새는 하얀 시트와 침구가 깔려 있는 정갈한 침대와도 관련이 있다. 샤워를 하고 났더니 피곤했던 몸이 더 노곤해진다. 정리된 침대는 수면욕을 불러일으킨다. 침대에 눕자마자 1분 안에 스르르 잠이 들 것 같다.

그런데 K는 이 잘 정리된 침대에 있음에도 불편함을 느낀다. 그는 무언가 중요한 구성 요소가 빠져 있다는 것을 알아챈다. 완벽히 갖춰진 객실에서 빠진 이 단 하나가 수면을 방해한다. 어떤 결여가 그를 불편하게 하는 걸까. 바로 베개다. 그는 허둥지둥 베개를 찾는다. 특이하게도 이 객실에는 베개가 다른 한편에 가지런히 놓여 있다. K는 안심한다.

예전에 외국의 한 호텔방에서 베개가 침대 위에 놓여 있지 않은 광경을 본 적이 있다. 상상해보라. 그곳이 온돌방이어도 좋다. 그러나 잘 깔린 요와 이불에 베개가 없다면?

모든 생물은 잠을 잔다. 잠은 살아 있는 모든 것들이 생명을 부지하기 위해 하루도 빠짐없이 반복하는 일시적 '반죽음' 상태다. 그런데 베개를 베고 자는 것은 오직 인간뿐이다. 베개는 직립보행하는 인간의 뼈대에서 비롯된 '누워서 자기' 형태의 필요를 직접 반영하는 사물이다.

그러나 베개가 그저 목뼈를 편하게 만드는 물리적 도구일 뿐일까. 잠을 잘 때, 인간은 자신이 기억하지 못했던 온갖 기이한 영상들을 '반죽음' 상태에서 만난다. 잠은 생명 활동의 연속이지만 삶과 죽음 사이에 있는 다른 세계의 통로이기도 하다. 생명 활동의 에너지를 최대로 정지시키는 이 시간에 우리는 '다른 무언가'를 '만난다.' 꿈 없는 잠'이라는 표현도 있지만, 꿈을 안 꾸는 게 아니라 실은 깨어나서 기억하지 못하는 것일 뿐이다. 우리는 하루도 빠짐없이 잠을 자며 어떤 존재와 만난다. 그 만남의 통로에서 가장 중요한 제의적 사물이 바로 머리를 누이는 베개가 아닐까. 베개의 결여에서 발생하는 불편

베개는 삶과 죽음 사이에서
다른 세계와 조우하게 하는 사물이다.

함, 약간의 베개 높낮이와 단단함 정도에도 우리는 민감하게 영향을 받으니 말이다. 즉, 편하게 '잠들지' 못하거나 '반죽음' 상태에 이르지 못하기 때문이다.

'숙면(깊이 잠든다)'이란 말은 무슨 뜻일까. 불편한 베개는 우리를 밤새 뒤척이게 한다. 그것은 혹시 낮 시간의 우리 의식이 조우하지 못했던 것과의 '다른 만남'이 방해받기 때문은 아닐까.

벤치

쓰레기통이 놓였던 자리에

내가 동료들과 공유하는 사무실은 경복궁 주변 동네에 있는 아주 작은 한옥이다. 거의 관광지가 되다시피 하여 사람들이 많이 다니는 동네임에도 이 집은 골목 안 깊숙이 숨어 있어 용케 고즈넉하다. 이 집은 대문을 열면 현관문까지 겨우 몇 걸음밖에 되지 않지만, '마당'이라 부를 수도 있는 아주 작은 빈 공간을 가지고 있다. 인구밀집도가 대단히 높고 외부에서 유입되는 유동인구 또한 매우 많은 이 동네에서는 이런 작은 여백조차 드물어서 사무실의 동료들은 이 공간을 소중히 여긴다.

그럼에도 작은 공간이 지닌 물리적 제약이 완강한 탓에 이 공간의 별다른 용도를 떠올리기는 어려웠다. 사실상 이 마당은 대문으로 들어와 현관으로 이어지거나, 현관에서 나와 대문으로 나가는 길 사이의 큰 의미 없는 '통로'일 뿐이었다.

어느 날이었다. 마당 청소를 하던 중 그곳으로 이사한 지 1년이 되도록 귀퉁이에 늘 놓여 있던 조그만 쓰레기통을 다른 자리로 잠깐 옮겨놓게 되었는데 그러고 나니 묘하게 그 귀퉁이 자리가 눈에 들어왔다. 겨우 쓰레기통이나 놓으면 적당할 것이라 생각했던 그 자리에 다른 사물을 놓을 수도 있겠다는 생각이 들었다. 당신이라면 그런 자리를 어떤 사물로 대체하겠는가.

내가 옮겨놓은 사물은 두 사람이 앉으면 적당한 크기의 미니 벤치였다. 눈여겨본 적이 있었던 간단한 조립형 미니 벤치를 구입하여 그 자리에 놓았다. 쓰레기통이 있던 바로 그 자리에 '벤치'를! 놀랍게도 벤치는 그곳이 본래 자신의 자리였다는 듯 작은 한옥 '마당'에 자연스럽게 잘 어울렸다. 벤치 자체가 '정답다'는 말에 부합하는 사물의 형상을 한 채 그 자리에 있는 것을 보니 그제야 공간적으로 화룡점정(畫龍點睛)을 찍은 느낌이었다. 왜 하필 그 사물이 '화룡점정'의 느낌을 주었던 것일까.

한옥이었지만 그곳은 '집'이 아니라 주로 '행정 업무'를 위한 '사무실'로 쓰였다. 그 집에 모인 구성원인들인 우리는 늘 회의 탁자 앞의 개인용 의자에 독립적으로 앉아 주로 '자기 이야기'를 하고 있었던 것일지도 모른다. 내가 무의식적으로 벤치를 갖다놓기로 한 것은 우리가 공동의 유대감을 지닌 '친구'로서 '어깨를 붙이고 있다'는 느낌을 충분히 갖지 못해서가 아니었을까.

벤치는 일인용 의자가 아닌 공동 의자다. 내가 가져다놓은 벤치는 팔걸이가 없을 뿐만 아니라 등받이도 없다. 등받이가 없으므로 조금은 느슨하지만 자기 허리를 꼿꼿하게 세워 앉아야 한다. 그러나 이렇게 앉은 상태에 유별난 긴장이 생기는 것은 아니다. 이 사물에 걸터앉을 때에는 옆 사람과의 거리가 좁혀지고 슬쩍슬쩍 그와 어깨가 닿기도 한다. 작은 벤치는 아예 낯선 사람들이 붙어 앉기엔 심리적 불편함이 있는 사물이다. 딱 그 정도의 '거리 없는 거리', 그것이 벤치라는 사물이 제안하는 유대의 정도다. 폭신폭신한 소파가 아니므로 거리가 아예 없어져 파묻히거나 뭉그러질 일도 없다. 벤치에는 낯선 이들끼리 같이 앉을 수도 있고 가족이나 연인들이 함께 앉아도 잘 어울리지만, 내가 생각하기에 벤치와 가장 닮은 관계는 그래서 친구나 동료다.

한 시인은 동그란 것만 보면 굴렁쇠처럼 굴리고 싶다고 말하기도 했는데, 내게는 벤치야말로 '관계'를 제안하는 정서적 사물처럼 보인다. 이 정서는 다정하지만 과잉 감정으로까지 나아가지는 않는다. 벤치는 적당한 거리를 견지하는 독립적 성향의 개인들에게 이제야말로 정말 '친구'가 되어보라고 말을 건넨다. 어깨를 슬쩍슬쩍 부딪치며 곁에 같이 앉는 것도 이제는 자연스러운 사이가 되지 않았느냐고. 사람은 사물을 만들지만 거꾸로 사물이 사람을, 사물이 사람의 관계를 만들기도 한다. 벤치는 그런 유형의 사물이 아닐까.

첨언을 하자면, 이 벤치와 관련하여 나를 무엇보다 뿌듯하게 하는 것은 벤치를 놓은 그 자리가 방금 전까지만 해도 쓰레기통이 놓여 있던 자리라는 사실이다. 늘 무언가를 내다버리는 장소였던 그곳에 벤치가 생겼다. 쓰레기가 있던 자리가 꽃이 피는 자리로, 메말랐던 자리가 생기를 회복하는 자리로, 오염되었던 자리가 재생되는 자리로, 닫힌 것들이 열리는 자리로, 지나가는 통로가 잠시 함께 머무는 공동의 마당으로, 잉여가 생산으로, 무용한 것이 유용성을 발휘하는 존재의 처소로 바뀌는 것은 얼마나 멋진 일인가.

이 사물은 이제 이곳에 모인 이들, 이곳에 들른 이들을 여전히 독립적이지만 조금은 더 흐트러지고 편안한 얼굴로 웃을 수 있는 '친구'들로 변화시킬 것이다. 나는 이제 작은 벤치가 주는 무언의 제안을 받아들여 대문도 늘 열어놓으려 한다. 누구든 동네 골목을 지나다 이 작은 한옥에 들어오고 싶은 마음이 생기면 들어오시라고. 이 벤치에 걸터앉아 숨 좀 돌리고 가시라고.

비누

처녀 엄마

'알칼리(alkali)'라는 말이 있다. '염기성 물질' 정도로 번역될 수 있는 이것은 화학적으로는 물에 잘 녹고 산(酸)을 중화시킨다. 초등학교 때 과학시간에 처음 배운 이 말은 연원이 오래된 아라비아어다. '알(al)'은 '물질', '칼리(kali)'는 '재'를 뜻하니, 쉽게 말해 '알칼리'는 물질이 타고 남은 '재'로 만든 물질이라는 의미다.

'재'의 성분으로 만들어져 출현한 사물이 있다. 재에서 태어난 이 사물은 놀랍게도 미용에 쓰인다. 바로 '비누'다. 최초의 비누는 아라비아 사람들이 염소의 지방과 타고 남은 나무의 재를 혼합하여 만들었다고 한다. 그래서 옛날 이 지역에서는 비누를 '알칼리'라는 용어로 혼용하여 사용하기도 했단다. 빨래할 때 쓰인 비눗물을 우리는 예전에 흔히 '양잿물'이라고 했는데, 이는 '서양에서 온 비눗물'이라는 뜻이다.

비눗물이라고도 할 수 있는 '잿물' 또는 '양잿물'이 흥미로운 점은 다 타버린 재의 성분이 더러운 물질을 다시 깨끗하게 재생하는 데 쓰인다는 역설에 있다. 이 성분은 사람의 피부는 물론이고 오염된 섬유도 본래대로 회복시킨다. 흔히 모든 것이 파괴된 상태를 비유하여 '잿더미'라고 한다. '잿더미'는 재생 불능 상태, 완전한 파괴로 인한 회복 불가능의 상태를 뜻하지만 '비누'는 그 잿더미가 발휘하는 미(美)의 회복력과 재생력을 보여준다. 그것을 일컬어 무용한 것의 유용성이라고도, 불가능한 것의 가능성이라 할 수도 있지 않을까.

예수를 잉태한 마리아를 '성모 마리아'라고 하는데, 영어로는 '처녀 엄마(virgin mother)'라고 부른다. 이 말은 그 자체로 문학적 역설을 품고 있다. '처녀가 어떻게 엄마가 되느냐'는 식의 원초적 물음을 얘기하는 게 아니라 오히려 그와 반대되는 이야기다. 자립할 수 없는 갓난아기를 위해 온갖 어려움과 '오염된' 수고를 다 해야 하는 게 엄마라는 존재다. 그래서 엄마는 표면적으로는 예뻐지기 어려운 존재다. 그런데 그 자리에 있는 존재가 순결한 '성모·처녀(virgin)'가 된다. 생명을 탄생시키고 기르고 돌보는 순결한 힘은 이 '낮고 더럽혀진 자리'에서 나온다. '처녀 엄마'는 그 자신은 '재'의 몸으로 다른 사물의 표면을 깨끗하게 재생하고 회복시키는 비누와 닮지 않았나.

종종 공동체가 위기에 빠지는 국가적 비상사태를 경험하고는 한다. 공동체의 위기 회복에 각별한 공적 책임을 진 사람들은 어떤 태도로 행동해야 하는가. 이 사물의 존재 방식을 잘 살펴볼 일이다.

비자

'인간'의 권리는 없다

2,500년 전 소포클레스의 그리스 비극 〈콜로노스의 오이디푸스 (Oedipus at Colonus)〉는 '정치적 난민'에 관한 드라마라는 점에서 오히려 요즘에 시사하는 바가 많다. 드라마의 도입부는 인상적이다. 테바이(테베)에서 추방되어 노숙자가 된 채 세상을 떠도는 오이디푸스는 다른 도시국가인 아테나이(아테네)의 국경에서 딸에게 이렇게 푸념한다. "우리는 대체 어떤 곳에, 어떤 사람들의 도시에 온 것이냐? 오늘은 누가 떠돌아다니는 오이디푸스를 보잘 것 없는 동냥으로 맞아줄 것이냐?" 일말의 기대가 섞인 푸념이었음에도 국경에서 만난 첫 번째 아테나이 시민은 그에게 다음과 같이 완강한 어조로 말한다. "더

물어보기 전에 이 자리를 뜨시오. 그대는 밟아서는 안 되는 곳에 와 있소." 아테나이 시민은 '당신은 어떤 나라 소속인가'를 물은 뒤 오이디푸스가 '이방인'으로 확인되자 그를 쫓아내고 있는 것이다.

그는 어떤 자격으로 이렇게 단호하게 추방을 명령할 수 있는가. 거꾸로 말해 노쇠한 오이디푸스는 어떤 이유로 밟아서는 안 되는 '신성한 땅'을 훼손하는 이방인이 되었나. 이 드라마가 두 도시국가 사이의 국경을 배경으로 하고 있다는 점에 주목하자. 여기에서 신성한 땅에 발 딛고 살 수 있는 자격을 지닌 '정상적 인간'과 추방되어 마땅한 '오염된 인간'은 그 도시 사람인가 외국인인가, 즉 소속 정치공동체가 무엇인가에 따라 우선적으로 갈린다. 커뮤니티 정체성이 순결한 자와 오염된 자라는 '인간'의 총체적 정체성을 규정하는 것이다. 이런 맹목적 분류법은 과연 타당한가.

여권에 새겨진 비자(visa)는 묘한 긴장감이 감도는 제도-사물이다. 비자를 지닌 외국인은 오이디푸스처럼 추방되지 않고 다른 나라 국경을 통과할 수 있다. 그러나 이방인이라는 미심쩍은 선입견이 이 제도-사물로 불식되는 것은 아니다. 다만 그는 '괴물'은 아니므로(혹은 아닌 듯하니) 국경선을 통과할 수 있는 '인간'의 최소 기준에 턱걸이했을 뿐이다. 그것도 일정한 유예 시간에만 작동하는 시한부 자격으로. 작은 노트에 찍힌 도장 하나는 그 '턱걸이-시한부'를 가능하게 한다.

근대의 천부인권사상은 태어날 때부터 자연스럽고 무조건적으로 주어지는 '인간의 보편적 권리'를 주장하지만, 비자는 '보편적 인간'이나 '인간의 보편적 권리'는 현실에 존재하지 않는다고 윽박지르는 제도–사물이다. 그것은 '허가'를 수락하는 너그러운 환대의 얼굴이 아니라, 이것 없는 당신은 인위적으로 방벽을 친 다른 영토 내에서 단 한시도 '인간'으로 인정받을 수 없다고 말하는, 냉혹하고 험상궂은 박대에 관한 일시적으로만 회피할 수 있는 예외증명서다.

　세계화 시대인 오늘날 목격되는 첨예하고 파괴적인 역설은 이 시대가 그 어느 때보다 기술적 공유와 공간 이동이 자유로운 시기임에도 타자와 동일자를 나누는 공동체의 경계석, 국경의 파수꾼, 주체들 내면의 구별 짓기를 강화하고 있다는 사실에 있다. 영국의 유럽연합 탈퇴나 유럽 난민 사태, 트럼프 대통령 취임 후 미국의 기조에서 나타나는 파국의 전조도 결국 이 문제로 귀결된다. 지금 전 지구적 차원에서 가장 주목할 만한 현상 중에는 이른바 휴머니스트와 진보주의자의 정체성이 일치하지 않는 경우가 많다는 사실도 있는데, 그것도 '국경'의 문제와 밀접한 관련이 있다. 인간의 존엄성에 대한 전통적 관점을 통해 삶에 필수적인 최소한의 품격을 주장하는 인자한 얼굴의 '휴머니스트'라 해도 자기 공동체로 유입된 이주민에 대해서는 완강한 경계석을 세우는 식의 이중적 태도를 취하는 경우가 도처에서 목격된다. 그는 이때 자기 공동체를 '보호'하려는 것이라며 자신의 입장을 정당화하지만, 그러한 보호의 논리 저변에는 자기 공동체 바깥에 이주민을 위치시키고 그들을 공동체의 잠정적 '적'으로 규정하는 무의식이 작동하고 있다. 여기에서 '휴머니스트'는 '진보주의자'와 분리된다.

국경을 가로질러 한 영토에서 다른 영토로 들어오는 사람들은 단지 그 이유만으로 온전한 인간이 아닌 '어떤 것'이 된다. 이주민 관점에서도 국경선은 '인간'을 분할하는 기이하고 고통스러운 기계다. 설령 그가 다른 공동체 내부로 들어와 비자라는 제도-사물을 통해 일시적 거주 허가를 얻었다 해도 분할의 문제는 해결되지 않는다. 왜냐하면 그는 여전히 공동체 내부의 타자로 규정되기 때문이다. 세계화 시대의 역설은 문화적 혼성과 테크놀로지의 보편화, 융합적이며 무국적인 인식론적 태도가 출현하는 한편 다른 쪽에서는 더 강력한 영토적 순혈주의가 만연한다는 사실에 있다. 이러한 상황은 자본의 이윤율이 지속적으로 낮아짐으로써 전 지구적 경제 침체가 이어지고, 노동 시장에서 인간을 빠르게 대체하는 자동화 기계 시스템에 의한 실업화 및 빈민화의 공포와 맞물려 증폭된다.

공항 입국심사대라는 현대의 국경에서 여권에 새겨진 비자를 의혹의 눈초리로 쳐다보는 경찰의 시선을 보며 '시민권' '인간의 권리' 같은 개념을 생각해본다.

'인권'이라는 말로 줄여 사용하는 '인간의 권리'는 그것을 타인에게 양도할 수 없으며 그것이 태어날 때부터 자연적으로 주어졌다는 생각을 담고 있다. 그것은 인간의 권리가 어떤 공동체의 특수성에 갇혀 제한될 수 없는 것이라는 뜻이기도 하다. 정치 공동체 차원에서 생각한다면 인간의 권리란 공동체 내에서 온전한 인간으로 살 수 있는 권리, 온전한 '시민권'의 전적인 인정을 뜻한다. 인간의 권리가 특수성에 갇히거나 특권적인 것일 수 없듯이 시민권 역시 특권적이거나 임의적이거나 선택적, 또는 제한적인 것일 수 없다는 말이다.

'글로벌'이라는 표현을 쓰는 시대에 지구촌 곳곳의 개별 공동체가 오히려 높이 쌓아 올리고 있는 인간 권리의 장벽을 목격한다. 문화·기술문명의 보편성에도 불구하고 영토적 순혈주의와 인종적 특수주의에 갇힌 시대를 본다. '공유'라는 모토가 문화 전반에 퍼져가는 이시대에는 오히려 반(反)시민권 투쟁의 퇴행적 에너지가 세계를 뒤덮고 있다. '4차 산업혁명' 시대의 인간들은 자신들보다 높은 지능을 지닌 기계의 출현을 염려하지만, 사실 어떤 인간들은 이 염려하는 '인간' 안에도 아직 끼지 못한 상태에 있다. '인간 시대'의 종말이 다가오고 있음에도 인간 시대의 보편성은 여전히 실현되지 못한 상태인 것이다.

테바이와 아테나이의 국경에서 이방인 오이디푸스의 육체를 둘러싸고 벌어진 추방과 환대의 싸움은 지금도 여전히 유효하다. 아니, 오히려 지금 더 깊은 성찰의 대상이 되어야만 한다. 끔찍한 죽음의 연쇄로 이루어진 오이디푸스 비극에서 유일한 '해피 엔딩'이 발생하는 지점은 역설적으로 이 국경 지대라는 사실을 기억하자. 콜로누스 숲에 이방인 오이디푸스가 환대받으며 묻히는 그곳 말이다. 파란만장한 삶을 살았던 비극적 인간은 생애의 끝에 온전한 안식처를 얻었고, 환대받은 육체는 그 땅에 영원한 번영이 있으리라고 축복하였다. '비자'는 추방과 환대의 윤리학을 강력하고 노골적으로 되묻는 제도-사물이다.

빨대

생명의 도약

누군가 당신에게 주위 사물 중에 '생명의 모습을 가장 상징적으로 표현하고 있는 사물이 무엇이냐'고 묻는다면 당신은 어떤 대답을 하겠는가. 이때 생각해보게 되는 것은 너무도 새삼스러워 묻지 않는 물음, 즉 '생명(生命)'이 무엇인가 하는 질문이다. 우리 자신도 생명이면서 말이다.

직관적으로 접근해보자면 이에 대해 답하는 것은 그리 어려운 일이 아니다. 우리는 '살아 있다'는 것을 '숨 쉬고 있다'라고도 표현한다. 의학적으로도 호흡 정지의 여부를 기준으로 생사를 판단하지 않는가. 그러니 숨 쉰다는 것, 호흡하고 있다는 것을 생명 현상의 우선적인 물리적 특징으로 이야기한다 해도 별 무리는 없을 것이다. 이런 점에서 생명의 모습을 가장 상징적으로 표현하는 사물이 무엇이냐는 질문을 받는다면 나는 '빨대'라고 대답하겠다.

빨대는 말 그대로 '빨아올리는 대롱'이라는 뜻이다. 빨아올리는 일은 숨을 들이마시는 행위를 통해 다른 물질을 입속으로 운반하는 일이다. 빨대를 빨대로 기능하게 하는 물질 운반의 동력은 숨, 호흡이다. 주목할 점은 이 숨이 들숨과 날숨 중 들숨, 즉 들이마시는 숨이라는 사실이다. 호흡은 들숨과 날숨을 통해 산소와 이산화탄소를 교환하는 이중 운동의 과정이지만, 날숨에 비해 들숨은 외부 물질을 흡수할 뿐 아니라 호흡 과정에서 이루어지는 생리적 수축·긴장 운동과 이완 운동 중 전자와 관련된다는 점에서 생명의 능동성과 더 긴밀한 관계를 가진다. 그렇다면 빨대를 호흡의 능동성, 생명의 능동성을 시각적으로 보여주는 사물이라고 말할 수도 있지 않을까.

빨대로 무언가를 '빤다'고 할 때, 이 행위가 거의 모든 젖먹이동물의 원초적 생명 의지를 드러내는 '젖 빨기'와 원리적으로 같은 일이라는 사실에도 생각해볼 만한 점이 있다. 어린 젖먹이동물의 '빨기'가 얼마나 필사적인 행위인지는 그 빠는 힘이 놀랄 만큼 강력하다는 경험적 사실을 통해 쉽게 알 수 있다. '빨기'는 공격적이라 할 수 있을 정도로 본능적인 생명의 능동성과 연관된다는 뜻이다. 정신분석의 창시자 프로이트가 성적 본능의 최초 감각적 발현 시기를 입으로 빠는 '구순기(口脣期)'라고 착상했을 때, 그가 직관했던 것도 유아기의 젖 빨기에 내재된 강력한 생명력이었을 것이다.

물리적으로 볼 때에도 빨대의 물질 운동은 생명 현상과 관련하여 시사하는 바가 있다. 빨대는 넓게 퍼져 있는 액체를 좁다란 대롱 안으로 흡수한다. 이때 물질은 특정한 형체 없이 유동하다 빨대라는 인공 틀로 모임으로써 순간적으로나마 일정한 형상적 틀을 이루게 된다. 이것은 무질서하게 존재하던 물질이 숨이라는 생명의 동력을 이용해 질서 있는 형상을 구성하는 것으로 이해할 수 있는데, 여기에서 연상되는 것은 보편적인 물리 법칙이라 불리는 '열역학 제2법칙'이다.

흔히 '엔트로피(entropy) 법칙'이라고도 하는 이 법칙은 '물리적으로 닫힌계(폐쇄계)에서 우주의 무질서도는 늘 증가한다'는 뜻을 갖는다. 여기에서 물리계의 무질서도를 뜻하는 엔트로피는 에너지의 관점에서 보자면 에너지의 쓰레기를 의미한다. 주목할 점은 물리계에서 예외적으로 이 무질서도를 거스르고 자기를 조직화(질서화)하는 현상을 보여주는 것이 있다는 사실이다. 그것은 바로 '생명'이라는 현상이다. 살아 있는 존재가 썩지 않는다는 것은 자기조직화의 에너지를 보유하고 있다는 뜻, 제 몸의 질서를 유지하는 능력을 발휘하고 있다는 뜻이다. 반대로 '죽었다'는 것의 가장 분명하고 물리적인 현상은 '썩는다'는 것인데 이 현상은 결국 조직화된 물질이 흩어지는, 즉 무질서해지는 현상을 의미한다. 생명을 엔트로피를 거스르는 네겐트로피(negentropy/negative entropy)적 존재라고 규정할 수 있는 것은 이런 이유 때문이다. 그런 점에서, 숨을 통해 무질서한 물질을 일정한 틀로 조직화하는 빨대는 생명 현상을 시각적으로 표현하는 사물이라 할 수 있지 않을까.

이 지점에서 또 하나 생각해볼 점은 우주의 모든 사물이 중력의 영향을 받는 데 비해 빨대는 중력을 거스르는 수직상승 운동을 보여주는 사물이라는 것이다. 숨을 통해 낙하 법칙을 거스르는 운동을 보여준다는 점에서도 빨대는 생명 현상의 메타포처럼 보인다. 아무리 크고 무거운 돌들이라도 흐르는 강물에 결국은 휩쓸려 '아래로' 떠내려간다. 그런데 큰 강줄기와 격류를 거슬러 오르는 것이 있으니, 표면으로는 미약해 보이지만 내적으로는 강력한 에너지를 품고 펄떡이는 물고기들이다. 한마디로 무생명의 특징은 주변 환경의 흐름에 내맡겨져 떠내려간다는 것이고, 생명의 특징은 그런 환경에서도 거슬러 오른다는 것이다.

철학자 니체(Nietzsche)가 하늘로 뛰어오르는 춤추는 소녀, 의지의 인간을 예찬한 까닭도 이런 생명 원리에 대한 통찰에 근거한 것이다. 철학자 베르그송(Bergson)은 이를 일컬어 '존재를 가능하게 하는 생명의 도약'이라 했다.

당신은 떠내려갈 것인가, 아니면 거슬러 오를 것인가.

사다리

면적 없는 반중력

아마 이 사물은 인간이 집다운 집, 건축물다운 건축물을 짓기 이전부터 사용했을 것이다. 인공의 힘을 빌려 자연의 높은 지점 어딘가를 기어올라야 할 필요성은 아주 오래전부터 있었을 테니 그것을 위한 도구도 필요했으리라.

'효용성'을 최소 비용으로 최대 효과를 내는 일이라 규정한다면, 도구로서 사다리가 가지는 효용성은 그 규정적 의미에 가장 근접하는 사물 중 하나일 것이다. 왜일까? 이를 '도구적 효용성'이라는 차원에서 생각해보자. 이때의 효용성은 어떤 목표물에 도달하기 위해 만들어진 도구의 용도가 그 목적을 가장 신속히 달성하는 것과 관련된다. 기하학의 정의를 참조하자면 '직선'은 '두 점 사이를 잇는 가장 가까운 점들의 집합'으로 정의되는데, 사다리의 본질은 이 사물이 단지 어딘가에 오르기 위해 쓰이는 도구라는 데 있는 게 아니라 수직 상승, 즉 '직선'을 통해 오르는 도구라는 사실에 있다. 사다리는 오르고자 하는 지점에 최단거리로, 에둘러가는 일 없이 신속히 닿게 해주는 반(反)중력 사물이다. 이는 사다리가 도구적 효율성을 발휘하기 위해 '잉여'를 거의 발생시키지 않는 효율적 사물이라는 뜻이다. 그래서 사다리를 타고 오르는 일은 한편에선 '공격적으로', 또 다른 관점에서는 절박함으로 느껴지기도 한다.

기왕 기하학을 언급했으니 이 관점을 조금 더 인용해보자. 형상적으로만 보면 사다리에는 일상의 사물과 다른 점이 있다. 다른 사물들과 달리 사다리는 흡사 면(面)은 없이 선분으로만 이루어진 사물처럼 보인다. 우리가 사물의 모양을 스케치할 때를 떠올려보자. 거의 모든 사물들은 각기 자신의 형상을 나타내는 데 있어 면을 필요로 한다. 그런데 사다리는 세로선 두 개와 그에 수직인 평행선들만으로 그릴 수 있지 않은가. 물론 우리가 지각하는 물리적 세계가 3차원이라는 사실을 감안하면 이런 그림이 사다리의 실제 모습을 반영한 것은 아님을 알 수 있다. 사다리에도 위로 올라갈 때 발을 딛어야 하는 '면'이 있으니까. 그러나 직선으로 이루어진 길쭉길쭉한 프레임으로 인해 이 사물의 전형적인 형상은 선분만의 결합으로 인식되거

사다리는 오르고자 하는 지점에 최단거리로, 에둘러가는 일 없이
신속히 닿게 해주는 반중력 사물이다.

나 표현되곤 한다.

조금 과장하자면 사다리는 면이 없이 선으로만, 그것도 곡선이 아닌 직선으로만 이루어진 사물이라 할 수도 있지 않을까. 이렇게 '면'이 없는(보이지 않는) 사물, 형상에서 '면적'이 차지하는 비율이 매우 낮은 사물은 직관적으로 오묘한 긴장감을 야기한다. '면' 혹은 '면적'이 있다는 것은 붙일 부분이 있다는 것, 발 디딜 부분이 있다는 것, 만날 수 있는 부분이 있다는 것, 그러므로 노동으로 이루어진 지상에 지탱할 수 있는 접촉'면'이 있다는 뜻이기 때문이다. 거꾸로 말해 접촉'면'이 없는 사물이 있다면, 그 사물에겐 지상에서 한 뼘이라도 거처가 허용될 수 있을까. 그 때문인지 사다리는 지상에 점 같은 두 다리만으로 까치발을 하고선 직선의 형상을 한 채 위로만 위로만 올라간다. 마치 허공에서는 '면'이, 또 '땅'이 필요 없다는 듯이.

그래서인지 사다리라는 사물의 숨은 본질을 잘 드러내는 이미지는 일상으로부터 가장 먼 자리에서 사물 그 자체의 형상으로 (무용하게) 빛나는 방식인 것 같다. 예를 들어 서커스에서 사다리가 얼마나 빈번히 쓰이는지를 떠올려보자. 서커스에는 다양한 묘기 아이템이 존재하지만 기본적으로 그 이미지의 핵심은 '반중력'에 있다. 지상의 힘으로부터 벗어난 신체의 마법을 보여주는 일, 그것은 불가능한 것이 가능해지는 일이며, 꿈에서나 가능했던 것을 '쇼(show)'를 통해 눈앞에서 현실화하는 일이다. 그 반중력의 마법을 실현하는 자리에 가장 많이 쓰이는 사물이 바로 사다리다.

공중곡예 또는 외줄타기를 하기 위해 배우들은 사다리를 타고 까마득한 공중으로 기어 올라가며, 그것을 아예 공중에 그네처럼 매달고 흔들리거나 높은 사다리에 사람을 올려놓은 채 자전거를 타기도 한다. 서커스의 단골 메뉴인, 탑처럼 쌓아올린 인간목마 역시 '(인간)사다리'의 변형이라고 볼 수 있다. 이런 묘기가 자아내는 아슬아슬함은 단지 사람들이 높은 곳에 올라가서 하는 행위이기 때문이 아니라 사다리가 면(적)이 없는, 즉 지지대 없는 '직선'으로만 간신히 버티는 묘기이기 때문에 발생한다.

지상에서 가능하지 않은, 지상에는 거처가 없는 존재들의 실루엣만으로 유희적으로 빛나는 서커스는 위태롭지만 그래서 '순수하게' 매혹적이다. 예술적 가상이 빚어내는 아름다움도 어쩌면 이와 다른 종류의 것이 아닐지 모른다. 내 관점에서 그것은 '사다리 타기'와 다를 바 없다.

#sensor
센서

퇴행하는 몸

어릴 적 겨울이면 한 해도 빠짐없이 뉴스에 나오는 기사가 있었다. 연탄가스 중독으로 인한 사망 사고 기사였다. 연탄이 주된 난방 연료였고 자가용이 지금보다 훨씬 적었던 그 시절에는 교통사고로 사망하는 사람보다 연탄가스 중독으로 사망하는 사람이 더 많을지 모르겠다는 생각이 들기도 했다.

그런 기사를 보면서 늘 들었던 의문은 '잠든 사람은 왜 유독가스 냄새를 맡지 못하는 걸까?'였다. 그 나름으로 잘 살아보겠다며 다들 억척같이 일하다가도 이렇게 죽는 순간의 인생을 보면 삶은 참 싱거운 것으로 여겨지기도 했다. 잠자던 사람은 절체절명의 위험 상황에서도 그것을 감지하지 못하고, 한없이 평화로운 표정으로 죽음을 순순히 허락하는 듯 보였다.

지진이나 해일이나 화산 폭발 같은 천재지변이 닥치기 직전 동물들이 위기를 감지하는 능력은 잘 알려져 있다. 개미들의 이상 행동, 쥐떼들의 대이동, 고래떼의 긴박한 움직임 등이 유명한 예다. 그들의 감각은 활짝 열려 있다. 그에 비하면 유독가스가 몸에 들어오는 그 순간에도 미소를 띠며 잠들어 있는 인간의 감각 능력이란 있다고 할 수 있는 것인지조차 모르겠다.

미디어를 '인간 몸의 확장'이라고 정의한 마셜 매클루언에 따르면 '센서(sensor)'는 가장 미디어다운 사물 중 하나다. 자연으로부터 분리되어 인공 낙원을 만든 후 인간은 육체의 감각 통로를 보강하고 확장하기 위해 다양한 감각기/감지기, 즉 센서를 발명하고 발전시켜왔다. 소설가 김애란이 문 앞에 서면 '컹' 하고 열린다고 표현한 건물 자동문의 센서도 그렇지만 오래전에 발명된 온도계와 풍향계, 시계도 인간이 놓인 주변 환경의 변화를 감지하기 위한 센서의 일종이다.

요즘 세계 산업계의 화두 중 '사물인터넷'이라는 게 있다. 사물들이 사람의 개입 없이도 서로 유기적으로 정보를 주고받고, 그에 맞게 인간의 일상을 유연하게 구축해주는 기술 대응 체계를 말한다. 이 시스템에서의 관건은 정보를 정확하고 예민하게 감지 및 수용하는 센서들의 유기적 생태계가 건설되었는가의 여부다.

그런데 난 이런 기술의 진화를 보며 아이러니를 느끼곤 한다. 이젠 잠잘 때가 아니라 눈 뜨고 있을 때라 해도 위험을 감지하는 능력이 인간 육체에서 완전히 퇴행할 것이라는 예감이 들어서다. 이러한 사물들의 센서 체계는 단지 위험 상황에만 국한되지 않는다. 최근 아마존(Amazon)이 선보인 무인마트에서처럼 사물들의 센서 체계는 인간의 욕구와 필요들을 실시간으로 감지하여 판단을 대신해줄 뿐 아니라 빅테이터를 통해 선제적으로 의견을 제안해준다. 비단 '지금'만 감지하는 것이 아니라 광범한 데이터망을 통해 당신의 과거도 알고 미래도 예측하는 것이다.

우리는 이제 '감각(sense)'의 의미를 보다 근본적이고 포괄적으로 이해해야 할 문명사적 기로에 서 있다. 감각은 단지 유독가스 냄새를 맡고 열기를 감지하고 어떤 물체의 접근을 알아챈다는 정도만 뜻하는 단어가 아니다. 센서들의 생태계는 종래 인간만의 고유 영역이라고 생각해왔던 마음, 감정, 인식 등 인간 신체가 감지하고 발생시키는 모든 인지 체계를 대체할 것이다. 그리고 그 속도와 비례하여 인간 신체에 내재한 자연적 '센서'는 급격히 쇠퇴할 것이다.

손톱깎이

용모 단정 이상

모든 집에 하나씩은 있으나 공포 영화의 감독들은 절대 사용하지 않는 사물이 있다면 무엇일까? 아마도 '손톱깎이'가 아닐까.

동양에서든 서양에서든 '귀신'과 '마녀'의 필수조건은 긴 손톱이다. 영화에 나오는 전형적인 요괴의 모습에서 손가락의 길이는 별 상관이 없지만 손톱의 길이는 문제될 수 있다. 요괴들의 손톱은 가능한 한 길어야 한다. 세계 어디에서나 아이들은 귀신놀이를 즐기는데, 이때 아이들은 두 손을 얼굴 주위로 들어 올리고 상대 아이를 놀라게 하는 제스처를 취하곤 한다. 여기에서 아이들이 치켜드는 것은 두 손이 아니라 실은 열 손가락 끝에 길게 자라났다고 가정하는 '손톱'

이다. 그러니 공포 영화를 찍는 감독들이 손톱깎이를 좋아할 리 없지 않겠는가.

손톱은 손가락의 일부지만, 말랑한 피부 표면을 덮고 있고 그 위에 돌출하여 자라나는 뼈 같다는 점에서 손가락과 분리된 듯 느껴지는 신체 부위다. 살도 아니고 뼈도 아닌 이것은 살과 뼈의 중간에 속하는 것도 같고, 잠깐만 방심하면 어느새 빠른 속도로 자라나 있다는 점에서 생장점이 집중되고 표면화된 기이한 신체 부위라 할 수 있다.

그래서인가. 한국의 민담을 통해 내려오는 금기 중에는 밤에 손톱을 깎지 말라는 것이 있다. 밤에 깎은 손톱을 쥐가 주워 먹으면 '사람'이 된다는 이유에서다. 손톱에는 짐승을 사람으로 바꾸는 어떤 기운이 있다는 생각이 여기에 나타난다. 손톱을 습관적으로 물어뜯는 아이들은 세상 어디에나 있는데 어른들은 그걸 '재수 없다'며 혼낸다. 현대인들은 잊고 있지만, '재수'라는 말을 쓴다는 것은 손톱 물어뜯기가 위생상의 문제가 아닌 원시적 금기 의식과 맞물려 있음을 암시한다. 어린 시절 실시했던 초등학교의 용모 검사에서는 손을 내밀고 손톱 길이를 선생님에게 검사받는 게 일이었다. 이때 이상한 것은 세수를 아무리 깨끗이 하고 옷을 단정히 입어도 손톱이 길면 용모 검사를 통과하지 못한다는 사실이었다. 왜 문명은 신체-손가락의 일부인 손톱 자르는 일을 '용모 단정'의 핵심 문제로 생각하는 것일까.

　발을 가진 모든 짐승이 손톱(발톱)을 가지고 있으나, 손톱을 지속적으로 잘라내고 다듬고 거기에 색칠까지 하는 것은 인간밖에 없다. 설혹 손톱(발톱)을 깎거나 다듬는 다른 동물이 있다 해도 그와 비교했을 때 인간은 훨씬 유난스럽다. 그런 점에서 보면 손톱깎이는 단지 미용의 도구가 아니라, 귀신과 산 사람의 차이를 드러내려는 사물인 동시에 사람과 짐승을 구별하려는 터부(taboo) 의식이 스민 도구라 할 수도 있지 않을까. 사람이 신과 만날 때 쓰는 사물을 제의적 도구라 한다면, 이 사물은 거꾸로 사람이 짐승이나 귀신이 되지 못하게 차단하는 또 다른 방향의 제의적 사물이 아닐까. 이 작은 사물은 사람 내부에 포개져 있고, 한순간만 방심하면 솟아나오는 사람의 '짐승성'과 '귀신'을 환기한다. 이 사물은 문화-문명이라는 이름의 '사람다움'이 저절로 생기거나 확고부동한 물리적 실체가 아니라, 부단히 관리하고 제어해야 하는 지향적이고 동사적 행위라는 사실을 암시하는 것일지 모른다. 사람은 사람에게서 났으나 '사람다움'은 사람에게서 오히려 멀리 있다. 그래서 그 멀리 있는 것을 가까이 가져오기 위한 노력의 이름이 '문화·문명'이다. 그냥 두면 사람은 짐승이나 귀신이 되기 십상이다.

숟가락

책임이 들어 있는 계량

맛있는 '쿡방' 시대가 도래했다. 전문 요리사들이 요리 배틀을 하고, 레시피 '디스'를 한다. 이제 우리에겐 '주방장' '요리사'라는 단어보다 '셰프(shef)'라는 외국어가 더 친숙하고, 이 단어는 연예인과 비슷한 어감을 가지게 되었다. 현란한 칼질만으로도 예능이 가능함을 증명한 어떤 셰프는 여성 그룹의 뮤직비디오에 출연하기도 했다.

단연 눈에 띄는 쿡방의 셰프는 '백주부'다. 백주부 레시피의 특색은 "간단하쥬~"라는 그의 말로 요약된다. 그 레시피의 핵심은 허를 찌르는 거다. 뭔가 대단한 재료를 넣고 복잡한 절차를 거쳤을 것 같은데, 레시피라 할 만한 것이 없다 할 만큼 방법과 과정이 간단하다.

그는 돈 없는 자취생도 감칠맛 나는 1인 식탁을 만들 수 있다고 말한다. 한 선배 시인으로부터 그 레시피로 음식을 만들어봤다는 얘기를 들었다. "맛이 어때요?" 나는 호기심 가득한 눈초리로 물었고, 그에게서 돌아온 대답은 "맛이 아주 정확해!"였다.

정확한 맛! 문득 그 셰프가 가장 '애정하는' 부엌 사물이 무엇일까 궁금해져서 텔레비전에 나온 그의 부엌을 유심히 관찰해봤다. 칼일까? 접시일까? 도마일까? 아니었다. 그럼 무엇일까?

바로 '숟가락'이었다. 흥미로운 것은 이 사물이 요리 좀 안다고 하는 셰프와 식객들이 공통적으로 가장 애정하는 사물이라는 사실이다. 숟가락이라니? 그들이 음식을 하다가 밥을 많이 떠먹는다는 뜻인가? 아니다. 이들에게 숟가락은 먹을 때 필요한 도구가 아닌, '계량(計量)'을 위한 사물이었다. 올리브유나 간장이나 설탕 등 각종 소스의 양을 정확히 측정하기 위해 이들은 숟가락을 무심하게 애용한다. 그러고 보니 '설탕 한 큰술' '간장 한 큰술' 할 때의 '술'도 본래 '숟가락'이라는 뜻이지 않은가.

계량 도구로서 숟가락이 가지는 눈여겨볼 만한 특징은 눈금이 없다는 것이다. '간장 한 큰술'에 해당하는 감칠맛을 정확히 내려면 한 숟가락에 넘치지도 모자라지도 않는 수위를 정확히 유지하는 손기술이 필요하다. 손기술이 몸에 스미면 숟가락 없이도 정확한 수위를 '감(感)'으로 안다.

인터넷 포털에 달린 댓글을 보면 비판과 비난 투성이다. 누구에게나 각자의 레시피가 있고, 음식을 씹듯 타인을 '씹는' 자유가 열려 있는 대중사회다. 그러나 누구든 요리사가 될 수는 있어도 아무나 식재료를 '살리는' 손맛을 가질 수 있는 것은 아니다. 정확한 맛은 수위를 살피고 근거가 명확한, 정확한 숟가락 계량에서 나온다. 비판이 수위를 넘어서면 맛없는 비난이 된다. 살리지 못한 감칠맛의 책임은 상한 식재료뿐 아니라 숟가락 계량에도 있을 수 있다.

스쿨버스

도로 위의 메시아

짧지 않은 기간 동안 특별한 의지를 갖고 미국 출장을 다녀온 적이 있다. 미국의 동부와 서부를 가로지르며 문명의 새로운 흐름을 탐색해보겠다는 목적하에 이루어졌던 그 출장길에서 많은 것을 보고 듣고 느꼈다. 내 출장에 대해 큰 흥미를 가지고 있었던 지인들로부터 귀국 당시 가장 많이 받았던 질문은 '여전히 강대국이며 문명의 큰 흐름을 주도하고 있는 그 나라의 사물 중 무엇이 가장 인상적이더냐' 하는 것이었다. 문명의 오래된 삶이 스민 공간부터 미래 시대를 기획하는 첨단 디지털 사물까지 살펴보며 다채로운 경험을 할수 있었지만, 의외로 내 대답은 타국의 일상에서 관찰된 평범한 사물로부터 나왔다. 게다가 아주 분명하게. 그것은 바로 '스쿨버스'였다.

미국에서 내가 목격했던 제일 경이로운 풍경은 서부 사막의 압도적인 자연 풍광이나 실리콘밸리의 첨단 IT 산업, 뉴욕의 들끓는 인파나 마천루가 아니라 여러 도로에서 본 노란색 스쿨버스, 그리고 그 옆구리에서 튀어나오는 'STOP(멈춤)' 표지판이었다. 미국에서는 차체가 아주 크지만 노란 병아리처럼 귀엽기 그지없는 색과 레고 블록 세트에나 들어 있을 법한 모양의 스쿨버스가 동네 도로 곳곳에서 달리고 있었다.

놀라운 것은 스쿨버스의 모양이 아니라 스쿨버스가 도로 위에 다닐 때 벌어지는 흥미로운 풍경이다. 스쿨버스가 도로를 달리다 아이들을 승하차시키기 위해 정지하면 버스 옆구리에서 붉은색 멈춤 표지판이 튀어나오는데, 그때 도로에는 경이롭다고까지 표현할 수도 있는 일이 벌어진다. 바쁘게 어딘가를 향해 질주하던 모든 자동차들이 일시에, 그것도 아주 멀찍이서 바로 멈춰서기 때문이다. 스쿨버스 옆으로 지나갈 수 있는 다른 차선이 있는 상황이라 해도 자동차들은 버스 옆을 절대 지나가지 않는다. 멈춤 표지판을 펼친 스쿨버스를 추월하는 것은 법으로 금지되어 있기 때문이다. 그런데 그보다 더 놀라운 일이 있으니, 중앙선 너머 반대편에서 지나가던 차들까지 멈춰 선다는 사실이다. 그러니까 스쿨버스의 멈춤 표지판이 펼쳐지면 전동 장치로 움직이는 그 주위의 모든 것들이 정지한다고 보면 되겠

스쿨버스는 가장 약한 존재를 보호하기 위해 가장 강력하고
예외적인 힘을 보유한 사물이라는 점에서 도로 위의 메시아다.

다. 스쿨버스는 기계들의 시간 자체를 정지시키는 '절대사물'인 것이
다!

나는 이 흥미로운 이국 풍경에 크게 흥분하여 이런 의문을 가졌
다. '그럼 소방차나 경찰차도 이럴 때 멈춰 설까?' 놀랍게도 체류 기
간 중 여러 번 그런 풍경을 길거리에서 접했다. 덩치 큰 노란 병아리
색 차가 멈춤 표지판을 펼치니, 옆 차선에서 뒤따라오던 소방차와
경찰차도 멀찍이서 딱 정지하는 것이 아닌가! 이후에 안 일인데 미
국 법에서는 대통령의 관용차라 해도 특별한 상황이 아니라면 이 원
칙을 따라야 한단다. 대통령을 태운 차도 멈춤 표지판을 내놓은 스
쿨버스 뒤에선 꼼짝없이 정지해야 하는 것이다.

미국의 스쿨버스에 대해 또 하나 궁금해지는 점이 있다. 도대체
저 커다란 차체를 무엇으로 만들었을까 하는 것이다. 할리우드의 스
펙터클 영화를 보다 보면 종종 스쿨버스를 이용한 범죄 장면이 나
온다. 예컨대 2008년에 개봉한 배트맨 영화 〈다크나이트(The Dark
Night)〉에는 그 유명한 세기의 악당 조커가 은행을 터는 데 스쿨버스
를 이용하는 장면이 있다. 조커는 보안을 위해 두껍게 만들어놓은
은행 외벽을 아예 스쿨버스를 타고 돌진해서 뚫어버린다. 결과는?
스쿨버스의 압승이다. 은행 외벽은 폭격 맞은 전쟁터 건물처럼 산산
조각 나지만 스쿨버스에 탄 갱들은 별 충격이 없어 보인다. 어떻게
이런 일이 가능할까.

비밀은 스쿨버스 차체의 재질에 있다. 스쿨버스 제작에 관한 미국 법령은 매우 까다롭고 세밀한데, 특히 재질과 관련해서는 전투 상황에서 총포를 막기 위해 만든 군용장갑차 수준의 강철로 만들어야 한다는 규정이 있다고 한다. 이러한 법령의 결과는 통계 자료가 잘 말해준다. 미국의 교통사고 관련 블로그를 검색해보면 스쿨버스와 충돌한 차들은 일반 승용차는 물론 지프나 트럭, 심지어 트레일러까지도 완파되는 반면 스쿨버스는 거의 외관 손상조차 없는 경우가 대부분임을 알 수 있다. 2004년 미국 스쿨버스정보협의회(School Bus Information Council)의 통계에 따르면, 1억 킬로미터 주행 시의 사망률이 승용차의 경우 0.94명인 데 반해 스쿨버스는 불과 0.01명이라고 한다. 다시 말해 스쿨버스 탑승객의 사망률은 일반적인 자동차 사고의 100분의 1 수준인 것이다. 그러므로 미국인들이 '도로에서 만나는 가장 무서운 차는 스쿨버스'라고 하는 말은 농담이 아닌 실제적인 말로 들어야 할 것이다.

적어도 미국에서 스쿨버스는 단지 어린이 안전 문제를 넘어 공동체의 삶 방향 전체와 관련해서 강력한 영감을 환기하는 사물이다. 독일의 법학자 칼 슈미트(Carl Schmitt)는 한 국가에서 힘의 중심(주권)이 어디에 있는지 알 수 있는 가장 간단한 표식은 법의 예외 상태를 명령할 수 있는가의 문제와 관련된다고 설명한다. 일상적인 법률 상태의 효력을 중지시킬 수 있는 존재가 있다면 그것이 바로 최고 권력

(주권 권력)의 표지라는 것이다. 예컨대 법률의 극단적인 효력 중지 상태인 '계엄'이나 '쿠데타' 상황을 생각해보자. 계엄령을 내리거나 쿠데타를 일으켜 초헌법적 상황을 발생시킨 후 그 체제를 유지할 수 있는 존재가 있다면 그는 그 자체로 자신이 국가의 최고 권력임을 보여주는 셈이다.

철학자 발터 벤야민은 칼 슈미트의 이 생각을 '메시아'에 대한 정치철학적 해석으로 발전시킨 바 있다. 그의 철학적 화두 중 가장 중요한 것은 '만일 메시아(구원자)가 온다면 그는 어떤 모습으로 어떤 방식으로 오겠는가'였다. 벤야민은 슈미트의 관점을 참조하여, 만일 메시아가 온다면 그는 이 세계의 지배적 법 질서를 중지시키는 존재일 것이라고 생각한다. 메시아가 필요한 시간이란 곧 현재의 세계 질서가 역사의 정의와 공동체의 진리를 억압하는 시간이라는 뜻이며, 그런 시간을 중단시키는 것이 바로 메시아에게 주어진 임무일 것이기 때문이다. 지배적 질서, 지배적 법의 중지를 통해 메시아는 지배적 질서·법을 유지하고 거기에서 과실을 얻어 누리며 사는 존재들을 심판할 것이고, 반대로 그 속에서 억압되고 고통 받았던 약한 자들을 해방시킬 것이라는 게 그의 생각이었다.

미국의 스쿨버스는 자동차 제작 관련 법률 중에서도 특수한 규정의 적용을 받고, 도로 위에서도 교통법상으로 예외적인 지위를 누린다. 즉, 이 사물은 사회의 질서를 규정하고 유지하는 현행법의 예외이며, 예외적으로 가장 강력하다. 이 사물은 도로 위에서 움직이는 전동 기계들의 모든 운동을 순간적으로 중지시킨다. 일반 질서의 효력 중지를 강제하고 명령하는 것이다. 여기에서 확인해야 할 것은 이 중지와 명령이 현 사회 질서에서 힘을 가진 존재들을 위한 것이 아니라는 사실이다.

누가 이 예외적으로 안전하고 법률적으로도 가장 강력한 차에 탔는가. 대통령의 관용차에도 운행 중지를 명령할 수 있는 유일한 차, 그 차에는 바로 '어린이'가 타고 있다. 어린이는 모든 면에서 인간 사회의 가장 약한 존재 중 하나다. 가장 약한 존재를 보호하기 위해 가장 강력하고 예외적인 힘을 보유 및 동원하는 사물, 그것이 바로 스쿨버스다. 그런 점에서 스쿨버스는 도로 위의 메시아다.

스툴

#stool

미(美)는 스스로 몸을 곧추 세우고

꽃샘추위는 겨울과 봄 사이의 추위라기보다는 봄과 겨울 사이의 전도된 추위다. 기지개를 켜고 신학기를 맞는 어린 학생들은 가벼운 계절 교복으로 갈아입고 학교로 나선다. 여자들의 치마 길이는 짧아지며 스타킹을 벗은 맨살의 다리가 성급히 나타나기도 한다. 어른들은 한동안 목도리를 칭칭 동여맸던 목에서 그것을 풀려고 하는 찰나다. 도시의 봄은 자연보다도 먼저 이렇게 제 모습을 드러낸다. 그러나 올해도 여지없이 봄을 시샘하는 찬바람이 깐깐하게 불어오고, 찾아 오던 봄은 놀라 멈칫댄다. 그렇다 하더라도 바람의 시샘이 꽃의 시간을 역전시킬 수는 없을 것이다.

스툴(stool)은 등받이와 팔걸이가 없는 의자를 말한다. 이 의자는 그 단순한 형태를 통해 두꺼운 옷과 목도리, 장갑과 스타킹을 벗은 봄 도시의 여성 같은 느낌을 풍긴다. 발음도 기품 있게 가볍고 모던하다. 스툴~

의자는 건축가와 디자이너들이 공간에 대한 아이디어를 구상할 때 영향을 받거나 신경을 쓰는 사물 중 하나다. 그래서 건축사에 이름을 남긴 유명한 건축가들 중에는 스툴을 디자인한 이들이 적지 않다. 다시 말해 스툴은 디자인 영감 차원에서 매우 예민한 형태를 지닌 사물이다. 등받이와 팔걸이가 없는 이 단순한 모양새는 아마도 최소한의 프레임을 통해 기능적 요소와 공간적 여백을 미적으로 조화시켜야 하는 건축의 이중 과제를 암시하는지도 모르겠다.

집 안에서 스툴이 눈에 띄는 장소가 어딘지를 생각해보자. 무심한 남자들은 바로 떠오르지 않을지도 모르겠지만 그곳은 대개 화장대 앞이다. 그런데 스툴은 왜 하필 화장대 앞에 앉는 의자로 주로 사용될까. 간단한 듯하지만 쉽게 답하기 어려운 질문인데 내 대답은 좀 엉뚱하다. 혹시 스툴이 '불편하다'는 사실이 한 가지 이유가 되진 않을까. 아니 이건 또 무슨 얘기인가. 불편해서 사용하다니?

화장대란 '화장(化粧)', 즉 꾸미는 자리다. 의식적이든 무의식적이든 자기 얼굴을 들여다보면서라도 일상적으로 '미의식'을 각성하고 표현하는 자리라는 말이다. 어떻게 해야 예뻐지나? 어떻게 해야 멋있어

스툴은 불편을 감수하는 미의 속성을 보여주는 사물이다.

보이나? 자연스러운 아름다움이란 무엇인가? 화장대 앞에 앉은 이는 거울을 보며 이런 질문을 부지불식간 하고 있지 않을까.

그런데 미의식이란 본래 실용성에 크게 얽매이지 않은 채 어떤 인공의 '포즈'를 오롯이 취하는 태도에서 비롯된다. 포즈는 '형식(형태)'이다. 멋있는 포즈와 형식을 만들려면 어딘가에 기대는 바 없이 자기 뼈대만으로 몸을 곧추세우고 견뎌야 한다. 물론 바깥으로는 이 견딤의 고통이 드러나지 않아야 할 것이다. 우아한 백조가 물밑에서는 발길질을 하느라 바쁘다는 얘기는 미(美)에 대한 통속적 진실을 담고 있다. 불편을 감수하는 자리가 곧 미가 출발하는 자리라는 뜻이다.

김소월의 애틋한 서정시, 모차르트(Mozart)의 화려한 협주곡, 고흐의 정열적인 풍경화가 탄생하는 과정에서도 이 목숨을 건 처절한 발길질은 예외가 아니었으리라.

#speaker
스피커

잘 듣는 귀는 심장을 닮았다

스피커(speaker)는 소리를 증폭시켜 외부에 들려주는 박스다. 물리적으로 설명하자면 이 사물은 전기신호 상태로 녹음되어 저장된 소리를 다시 소리로 바꾸어 증폭시킨다. 증폭 기능 때문에 영어에서는 확성기(擴聲器, loudspeaker)와 동의어로 사용하기도 한다. 물론 전기신호를 소리로 변환하는 일은 스피커가 단독으로 할 수 없다. 스피커의 소리가 나올 수 있는 수준으로 전기신호를 변환 및 제어하는 것은 앰프 같은 음향제어 장치의 몫이다. 이런 장치를 거친 전기신호가 우리 귀에 잘 들릴 수 있도록 소리로 증폭시키는 역할을 하는 물건이 스피커라고 해야 더 정확할 것이다.

스피커의 전형적인 형태는 왼쪽과 오른쪽에서 소리가 나오는 좌우대칭형 박스다. 소리가 '나온다'는 관점에서 보면 이 박스를 '입'이라고 부를 수도 있지 않을까. 스피커라는 이름 자체도 이미 '말하는 (speak) 입'이라는 함의를 담고 있지 않은가.

그런데 물리적 원리로 따져보자면 스피커는 '말하는 입'이기 전에 '잘 듣는 귀'라고 보는 게 타당하다. 스피커가 바깥을 향해 소리를 잘 '말하기' 위해서는 다시 소리로 복원된 전기신호의 미세한 떨림(전파-음파)을 잘 들을 수 있어야 하기 때문이다. 스피커의 왼쪽과 오른쪽은 균질한 소리를 내기 위해서가 아니라 서로 다른 위상에서 변환된 소리 차이를 구별하고 다르게 '들려주기' 위해 존재한다. 좋은 스피커는 녹음 상황과 조건의 차이를 미세하게 감식하고 낮은 소리와 높은 소리, 따뜻한 소리와 차가운 소리, 뭉툭한 소리와 뾰족한 소리와 부드러운 소리를 각각 다른 톤과 다른 방식으로 복원한다.

저음 전용 스피커로 불리는 '우퍼(woofer-speaker)'를 예로 들어보자. 30~400헤르츠 정도의 저음역을 재생하는 우퍼가 스피커에 내장되어 있는지의 여부에 따라 소리의 질은 크게 달라진다. 우퍼가 없는 스피커는 높은 음역대, 그러니까 표면의 소리만을 들려주기 때문이다. 이렇게 보면 낮은 소리, 지워진 소리, 잘 안 들리는 소리를 듣고 복원시킬 수 있는가의 여부가 좋은 스피커의 관건이라고도 할 수 있겠다.

소리의 차이를 감지하고, 지워진 소리를 잘 듣는 능력을 지닌 좋은 스피커는 '입'이기 전에 잘 듣는 '귀'다. 그 귀는 섬세하게 두근두근거리고 뜨겁게 펄떡펄떡 뛰는 심장을 닮았다. 그런데 우퍼의 예에서 볼 수 있듯이 여기에서 저음역대의 소리를 잘 듣는 일은 매우 중요하다. 이것은 흡사 문학에서 시인의 입-손에 의해 '시적인 말'이 나타나는 순간과도 비슷하다. 시적인 말은 의식의 표층에 떠 있는 명료한 소리, 큰 소리가 아니라 스스로도 분간하지 못하는 소리, 내면의 미묘한 파장, 어둠 속에 묻혀 떠오르지 않는 소리, 존재했으나 망각된 기억, 억압되어 의식의 저 해저에 갇혀 있는 소리들을 시인이 길어 올린 것이다. 조금 다르지만 본질적으로는 다르지 않은 차원에서 정신분석의 창시자인 프로이트는 '이런 말들에 진짜 내 심장이 깃들어 있다'고 누누이 강조했다. 그가 남긴 수수께끼 같은 문장 "Wo es war, soll ich werden(그것이 있는 곳에 내가 있다 / 그것이 있는 곳에 내가 있어야 한다)"은 이런 사실을 암시하고 있다.

잘 들어야 하는 것 중에는 때로 내 안 깊숙이 스민 말들도 있다. 시나 정신분석에서는 이런 말들도 전적으로 '내 것'은 아니라는 점에서 '타자(the other)'라고 부른다. 그것은 내가 주체가 되어 통제할 수 있거나 자기도 잘 인지하지 못하는 나의 타자인데, 진실은 바로 이 타자에 있다. 타자를 존중하는 것은 낮은 자리에서 나오는 나직한 소리에 귀 기울이는 일과 다른 것이 아니다.

실타래

문제는 '푸는' 것이다

가느다란 실을 둘둘 말아놓은 뭉치 사물을 실타래라고 한다. 어린 시절 찬바람이 불 때쯤이면 엄마는 뜨개질을 하기 시작했다. 그때는 가정집에서 스웨터나 목도리나 장갑 등을 뜨개질로 직접 만들어 입는 일이 큰 시대적 유행인 듯했다.

종종 실타래가 엉키는 일이 있다. 엄마는 엉킨 실타래를 풀어보라고 내게 시키시곤 했는데, 그럴 때면 우선 겁부터 났다. '이걸 어떻게 하라는 거야.' 속으로 볼멘소리부터 삐져나왔다. 당황스러운 표정을 하고 있는 내게 엄마는 그때 말씀하셨다. 실마리부터 찾아야지!

실마리? 꼬이고 엉킨 실타래에서 유일한 해법은 '실마리'를 찾는 거다. 전체로 놓고 보면 실타래는 뭉텅이 형태고, 실가닥은 사방으로 뻗어나갔다가 다시 사방에서 섞여 들어온다. 해법이 안 보인다. 그러나 실타래에는 실마리가 있다. 실마리는 엉킨 실타래에서 붙잡고 실을 풀어나갈 실의 머리, 즉 '실의 머리'를 뜻한다. 실의 머리는 실타래가 시작된 최초 지점에 해당한다.

어려운 문제, 꼬인 문제를 해결하려 할 때 흔히들 그것을 실타래에 비유하여 표현한다. 문제를 '푼다'든가 '실마리'를 찾는다는 게 그 예다. 이때 실마리는 문제의 해법을 찾으려면 크게 두 가지를 상기해야 한다는 것과 연관된다. 첫째, 아무리 꼬인 문제에도 그것이 시작된 최초 원인이 있으니 해법은 거기에서부터 찾아야 한다. 둘째, 문제를 풀 때는 한꺼번에 해결하려 하지 말고 핵심 원인 하나를 찾는 데서부터 시작해라. 핵심은 '부분'이지 전체가 아니다. 그렇지만 '부분'이 문제의 본질을 규정한다. 철학자 데카르트(Descartes)가 제시한 문제 해결의 규칙도 이와 비슷했다. 전체를 부분으로 나누고 복잡한 것을 단순한 요소로 쪼갠 후, 쉬운 것에서부터 시작하여 어려운 것을 향해 한 걸음씩 전진해야 한다는 것. 하지만 막상 문제에 직면하면 우리는 이 간단한 원칙을 자주 잊는다.

그런데 이때 방법의 문제만큼이나 중요한 게 또 있다. 바로 '마음가짐'이다. 실타래는 '푸는' 것이지 '자르거나' '끊는' 것이 아니다. 문제를 제대로 풀려면 마음고생을 감수할 각오를 해야 한다. 마음고생은 문제풀이 과정의 일부다. 개인이든 사회든 우리는 문제풀이 방법에도 서투르지만, 대체로 마음고생을 겪는 과정을 회피하려는 경향이 있어 '풀기'보다는 끊거나 자르는 손쉬운 방식을 택한다. 마케도니아의 젊은 왕 알렉산드로스(Alexandros)는 고르디아스(Gordias)의 실타래를 풀지 않고 일도양단하여 끊어버리는 방식으로 문제를 해결했다. 세상 사람들은 젊은 왕의 이 대담한 발상 전환을 대단한 문제 해결법이라 여기고 그를 칭찬했지만, 그건 문제를 근본적으로 '푼' 것이 아니었다. 나는 그 젊은 왕이 나이 마흔도 못 되어 단명했다는 사실이 곧 그런 방식의 해결책이 가지는 성급함을 암시하는 것은 아닌가 생각한다.

쓰레기통

이 안에 든 것은 정말 '쓰레기'일까

한 인간에 대한 평가가 담긴 말로 입에서 나올 수 있는 가장 모욕적인 표현은 무엇일까. 타인에게 듣는 욕설 중에서 내 자존심을 가장 짓밟는 표현은 무엇일까. 육두문자가 섞인 욕설일까. 사람을 짐승에 비유하는 표현일까.

"쓰레기 같은 놈."

내가 느끼기에는 이 말이 아닌가 싶다. 이 말에는 상대가 인간이아닐 뿐 아니라 짐승에도 미치지 못하는 타락의 마지막, 구제불능인존재라는 가치평가가 담겨 있다. 이러한 평가는 현재만이 아니라 미래까지 포함한다. 어떤 가능성의 제로. 지금 '쓰레기'인 너는 앞으로도 쓸모가 없다!

'쓰레기'라는 말은 그런 뜻으로 사용된다. 그런 쓰레기를 담고 있는 사물이 바로 '쓰레기통'이다. 연필을 깎고서 생겨난 부스러기를 쓰레기통에 쓸어 넣다가 문득 그 안에 담긴 쓰레기들을 본다. 방금 깎았던 연필의 부스러기들이 담겨 있다. 깎아낸 연필을 가지고 이제 나는 책상 위의 공책에 여러 생각을 담은 문장을 적어나갈 것이다. 그 문장 중에는 어떤 작가를 위한 것도 있고, 얼굴 모르는 미지의 독자를 향한 것도 있으며, 제자로 교실에서 만나는 학생들을 위한 강의 노트에 담길 것도 있으리라.

쓰레기통에는 며칠 전 지방에 계신 선배 교수님이 책을 보내주실 때 사용했던 누런 서류 봉투도 있다. 보낸 이와 받는 이의 주소를 적은, 그 봉투 겉면의 단정한 손글씨가 아직 또렷하다. 그 손글씨에서는 오랜 시간 고독한 연구 끝에 책을 출간한 학자의 자존감과 기대감이 느껴지기도 하고, 한참 보지 못했지만 책을 받을 후배를 늘 잊지 않고 있던 이의 얼굴이 보이기도 한다.

그런가 하면 쓰레기통 속에는 아침 수업에 늦어 식사를 하지 못하고 출근했다가 배가 고파 아침 대용으로 먹었던 빵 봉지와 빈 우유곽, 자동차 보험의 만료를 알리는 보험 갱신 안내서가 있는가 하면 한꺼번에 주문한 온라인 서점에서 책과 함께 보낸 영수증도 있다. 영수증엔 내가 시킨 책 목록이 적혀 있다. 온라인 서점에서 그 책들을 클릭하면서 무척이나 즐겁고 신났던 생각이 난다.

　연필 부스러기, 선배 선생님의 손글씨가 적힌 소포용 서류 봉투, 바쁜 아침의 허기를 채워줬던 빵 봉지, 보험 갱신 안내서, 구입했던 책의 목록. 이 모두가 '쓰레기통'의 내용물이다. 이 통을 채운 것들은 정말 '쓰레기'일까.

　'쓰고 남은 것' '쓰고 버린 것'을 살펴보라. 우리가 '쓰레기'라고 부르는 것들은 나를 구성하고, 나를 염려하고, 나를 돌보던 것들의 목록이고 그것들이 모여 있는 사물이 바로 이 '통'이다. 다른 사물과 달리 쓰레기통은 용도가 폐기된 것들이 그 안에 들어갈 내용물로 결정된다는 점에서 최종 모양새를 예측하기가 불가능한 사물이다. 게다가 어떤 사물이든 다 담길 수 있다는 점에서 이 예측불가능성은 '포용력'을 갖고 있기까지 하다. 그러나 다시 이 통에 담긴 사물들을 보면 그것들은 내게 가장 알뜰한 효용성을 발휘했던 것들의 목록과도 같음을 알 수 있다.

　그런데 '쓰레기'라니! 이 통에 다른 명칭을 붙여줄 수는 없을까.

아파트

건축무한육면각체

"사각형의내부의사각형의내부의사각형의내부의사각형의내부의사각형"(이상, 〈건축무한육면각체: Au Magasin de Nouvote〉)

'건축-무한-육면각체'라는 말처럼 이 사물은 수많은 사각형을 내부에 끌어안고 있는 3차원 현실의 건축물이다. 매우 예민한 감각을 지녔던 20세기 초 서울의 한 토박이 시인은 이 새로운 사물을 보자마자 이것이 경성이라는 도시의 랜드마크가 될 것임을 바로 알아차렸다. 그가 본 사물은 영화 〈암살〉의 하이라이트를 장식하는 무대, 미츠코시 백화점 경성점이었다.

시인은 이 시에서 사물의 외양을 단지 기하학적으로 포착하거나 과장스럽게 묘사하고 있는 것이 아니다. 백화점이라는 입방체의 내부를 꿰뚫는 시적 도면을 언어로 그려내면서, 그는 소비적 욕망의 무한 반복과 탕진의 메커니즘이 현대라 불리는 새로운 시대의 유일한 존재론적 근거가 될 것임을 감지한다. 시인은 그 욕망의 끝에 똬리를 틀고 있는 도시적 공허를 직감하고 있었다.

그런데 이 1930년대의 모던보이가 요즘 태어났다면 이렇게 쓰지 않았을까. '사각형위에사각형위에사각형위에사각형위에사각형' '사각형옆에사각형옆에사각형옆에사각형옆에사각형'. 20세기 초 경성의 건축물 중 내부에 많은 사각형들을 거느린 것이라 해봐야 백화점이 유일했겠지만, 외형적으로 봤을 때 지금 서울은 육면체들의 연합으로 이루어진 거대 레고블록이다. 아파트라는 사물은 도시에 다른 기하학을 허용하지 않고 팽창하기만 한다는 점에서 '사각형 제국주의'를 표방한 진정한 건축무한육면각체다.

20세기 초 백화점이 재화의 소비와 관련된 박래품(舶來品)이었던 것과 달리, 아파트는 부동산(不動産)이라는 독특한 존재 형식을 통해 사물의 태환(兌換) 가능성을 깔고 앉아 있다. 부동산은 움직이지 않는 재화란 뜻이다. 한국 사회에서 부동산-아파트는 거주자의 '지금 시간'에 충실하기보다는 이후에 기대되는 잠재적 교환의 시간을 기다리면서, 사물 스스로가 품고 있는 물리적 가능성이 온전히 실현되는 일을 유보한다. 이 유보에서 가장 문제가 되는 것은 '거주', 즉 집

아파트라는 사물은 도시에 다른 기하학을 허용하지 않고
팽창하기만 한다는 점에서 '사각형 제국주의'를 표방한다.

이 가지는 고유한 가능성이다. 한국 사회에서 아파트는 늘 팔리거나 이사해 들어가거나 재건축되는 대상이다. 아파트는 교환의 시간을 기다리는 '아직 아닌' 미완의 사물이며, 집이라는 사물 형식에 존재하는 거주의 가능성은 충분히 숙고되거나 전적으로 사용되지 못하므로 탕진될 수도 없다. 유보된 거주의 가능성에서 궁극적으로 유예되는 것은 '산다'는 '동사'다. 이 동사에 내포된 삶의 연속성과 전시간적 가능성은 사고 팔고 부수고 다시 짓고 이사하는 현대 한국의 독특하고 왜곡된 명사형 존재 형식 속에 단속적이고 파편적으로 응고되어 있다.

'산다'는 동사의 지연과 유보는 축적과 재생산의 욕망과 밀접하게 관련된다. 이 건축무한육면각체 블록에 일단 들어가면 20평의 육면체를 30평짜리나 40평짜리로, 1층을 5층이나 '로열층'으로 계속 넓히고 높이려는 욕망에 시달린다. 기회만 되면 하나를 더 사두고, 지방의 것은 서울로 바꾸며, 강북의 것은 강남으로 옮기고, 옛것은 부수고 새것으로 다시 지으며, 자기가 쓰던 것을 자식 세대에게 물려주거나 그들의 몫으로 하나 더 확보해야 한다는 '1+1'의 필사적인 확장·증식의 욕망에 사로잡힌다. 욕망은 육면체를 확장하고 증식하기 위해 '산다'는 동사에 내재한 고유한 욕구의 전면적 실현을 늘 억누르고, 행복을 지금-여기에서 즉각적으로 구현하려는 욕구를 유예시킨다. 현재가 유예된 다음 시간에는 인생의 황혼, 다름 아닌 '죽음'

이 기다리고 있다는 사실을 각성하고 있는 도시인들은 의외로 많지 않다. 이 사물에서 진정으로 무한한 것은 감가상각 없이 무한하게 확장·증식·재생산 및 대물림될 수 있다고 믿는 재화가 아니라, 그렇게 오해하는 도시적 욕망이다.

아파트가 제국주의적이라고 말하는 이유는 이 사물 블록이 멈추지 않고 도시의 지형을 획일적인 기하학으로 먹어치우기 때문만은 아니다. 피 한 방울도 섞이지 않은 사람들과 '단지'라는 이름의 담을 공유하며 살면서 내 머리 위 사각형 천정 위에 발 딛고 사는 이가 누구인지도 전혀 모르지만, 이 블록 안에 사는 이들이 비슷한 취향과 생각 및 가치관을 가지게 되며 심지어는 정치적 선택까지도 유사해지는 경향이 있다는 바로 그 사실 때문이다. 정말 놀라운 일이 아닌가.

액자

프레임 전쟁과 노예 도덕

일하다 지쳐 멍하니 창밖을 처다볼 오후 4시 즈음이면 핸드폰으로 한 무더기의 꽃이 배달된다. 아버지의 사진이다. 멀리 하늘과 고층 건물들을 배경으로 하는 한강의 전경, 자전거 타는 아이들의 풍경, 종종 깊은 산속에서나 볼 수 있는 새와 호수와 솔숲 풍경을 담은 사진들. 디지털카메라 시대라 촬영한 사진을 모두 현상하지는 않지만, 좋은 사진을 찍으면 아버지는 아이처럼 신나라 하시며 사진으로 뽑고 액자에 넣어 집 벽 여기저기에 걸어놓으신다.

아버지의 액자 선택은 신중하다. 풍경의 종류에 따라, 초점의 대상과 크기에 따라 아버지가 고르는 액자의 재질·색깔·크기·디자인도

달라진다. 사진을 찍는 것보다 액자를 고르는 데 더 오랜 시간을 들이신다. 풍경이 어떤 액자 속으로 들어가느냐에 따라 전혀 다른 느낌으로 '나타난다'는 사실을 경험상 잘 알고 계시기 때문이다. 아버지의 사진에서 액자 선택은 부수적인 일이 아니라, 풍경의 가능성을 시각적으로 최대한 드러나게 하는 사진의 일부이자 화룡점정이다. 여기에서 액자라는 테두리 '형식'은 이미지의 내용을 보강하고 수정할 뿐만 아니라 인상 전체를 직관적으로 규정하는 경우도 적지 않다.

대체로 사람들은 형식보다 내용이 중요하다고 생각하는 경향이 있다. 그런데 정말로 철저하게 실사구시(實事求是)하는 이들은 음식을 담는 그릇, 내용을 담는 형식을 대단히 중요하게 여긴다. 형식이 내용과 분리될 수 없다는 사실을 알기 때문이다. 아리스토텔레스는 사물은 액자처럼 형식(form)의 옷을 입고서만 존재를 드러낼 수 있다고 보았다.

액자를 영어로 프레임(frame)이라 한다. 정치학에는 '프레임 전쟁'이라는 말이 있다. '액자'를 어떻게 만드느냐에 따라 정치적 사태에 대한 시민들의 인식이 달라지고, 그 사태를 해석하고 해결할 가능성이 생겨나거나 혹은 그 반대가 된다. 동일한 사태를 설명하는 방식도 각 정당(政黨)들이 어떤 프레임을 설정했느냐에 따라 전혀 달라질 수 있고, 이것이 시민들—유권자들에게 가 닿는 설득력의 유무에 큰 차이를 만든다. 냉소적으로 말하면 콘텐츠보다 때로는 프레임이 더 중요하다.

지난 10여 년간 한국의 진보 정치-정당은 거의 매번 보궐 선거에서 실패했다. 그들의 실패는 유권자들을 상대로 한 '액자 전쟁'의 실패에 기인하는 바가 크다. 그들의 액자는 많은 경우 '반대편 정당이 나쁘니 우리를 뽑아달라'는 식의 논리로 귀결되곤 한다. 니체는 『도덕의 계보학(Zur Genealogie der Moral)』에서 '양을 잡아먹는 사자가 폭력적이므로 잡혀 먹는 양은 착하다'는 식의 논리에 대해 자기 스스로의 정당성과 힘을 증명할 길 없는 '노예들의 도덕'이라고 원색적으로 비난했다. 니체에게 '노예 도덕'은 도덕이라는 이름의 문명의 기만술이요, 도덕의 타락이다. 한국 진보 정치의 액자는 스스로의 힘으로 사자가 되는 미래의 참신한 풍경을 설득력 있게 시민들에게 보여주지 못하는 경우가 많다. 그들의 실패는 정치 전술의 실패이기도 하지만 니체적 관점에서는 '도덕의 실패'이기도 하다.

#air conditioner

에어컨

인공적 듀얼 시즌

자동차에 올라타서 차내 온도계를 살피니 38도를 가리킨다. 온도계가 잘못되었나 싶어 핸드폰으로 인터넷에 날씨 정보를 찾아보니 1907년 기상 관측이 시작된 이래 가장 높은 기온이라는 기사가 뜬다. 흠칫 놀랐지만 그래도 안심이 되는 건 차내에 이 고마운 사물이 있기 때문이다. 버튼을 누르니 '쇄~' 하는 소리와 함께 시원한 바람이 경쾌하게 쏟아져 나온다. 짐을 들고 집을 나서면서부터 등골을 타고 흘러내리던 땀방울들이 바로 뽀송뽀송 마르기 시작한다.

지구 온도가 급격히 올라가고 있다는 얘기는 나온 지 오래되었다. 녹아버린 빙하 조각 위에 앉아 어디론가 떠내려가는 북극곰을 다룬 다큐멘터리 영상을 본 적도 있다. 그런 얘기들은 이제 남의 나라 얘기가 아닌 실감으로 다가온다. 이 땅도 봄이 생략된 채 겨울에서 여름으로 바로 이어지고, 6월 초임에도 기온은 섭씨 35도를 오르내린다. 그러나 내심 안도의 한숨을 쉬는 건 믿는 구석, 에어컨이라는 사물이 있어서다.

이 사물에 의해서 이제 거의 모든 도시인들에게 여름은 두 개의 계절, '듀얼 시즌(dusal season)'으로 경험된다. 실외에서는 여름이지만 실내에서는 늦가을이나 초겨울이다. 다른 계절을 강제 소환하는 에어컨 덕분에 몸은 이중 계절이라는 초현실적 판타지를 경험한다. 그리고 이 판타지의 극단성은 점점 더 강화된다. 판타지의 극적 상연을 위해 이 사물은 실내는 더 시원하게 만들고, 그 대가로 실외로는 더 강력한 열기를 쏟아낸다.

'지구온난화'라는 거대한 '과학 용어'는 우리를 기만한다. 이 용어는 마치 온난화가 우주의 불가항력적인 섭리에 의해 발생하는 일로 여기게 하는 착시를 불러일으킨다. 사실 지구온난화 현상은 실내에 추위를 불러들이기 위해 만든 이런 인공 사물이 엄청난 열기를 내뿜어서 일어나는 것인데 말이다. 그러므로 이 '지구적' 용어는 추상적으로 진행되는 거대한 우주 현상이 아니라 우리 동네, 또 우리 집에서 뿜어내는 열기에서 비롯되는 '사회 현상'에 해당한다.

엔트로피 법칙이란 게 있다. 닫힌 우주에서 에너지는 새로 생겨나거나 없어지지 않는다(열역학 제1법칙)는 전제조건하에 물리계의 무질서도는 늘 증가한다(열역학 제2법칙/엔트로피 법칙)는 것이다. 이 법칙에 따르면 물리계에서 무질서도가 줄어드는 것처럼 보일 경우 그것은 외부에서 일(work)을 통해 에너지를 전달했기 때문이다. 즉, 질서도는 스스로 증가하는 것이 아니라 외부 에너지의 대가(代價)인 것이고, 결국 이로 인해 물리계의 무질서도는 증가한다. 그러므로 이 사물이 실내에 인공적으로 소환한 '가을-겨울'은 그 대가로 뜨거운 공기를 대기에 토해내고, 그럼으로써 살을 찌르고 타들어가는 여름의 열기를 '지구적으로' 증폭시킨다. '인공' 상태가 되는 것은 실내나 바깥이나 마찬가지다.

에어컨의 본래 이름은 공기를 자연스럽게 순환시킨다는 뜻인 '에어컨디셔너(air conditioner)'지만 실제 이 사물은 이런 방식으로 두 개의 계절을 제작하기 위해 안팎의 공기를 완전히 분리시킨다. 그 결과 바깥 공기와 차단된 실내를 즐기는 도시인에게 이제 '자연스러운' 계절 감각은 실내의 인공 겨울이지 바깥의 자연스러운 여름이 아니다. 이 사물이 공존시키는 '듀얼 시즌' 현상 중에는 부지불식간 진행되고 있는 신체 감각의 대체화도 있는 것이다.

#eco bag

에코백

우리는 패션으로 에코한다

수업용 책들을 넣거나 레포트 과제물을 편하게 담는 용도로 이 사물만 한 게 없다. 책은 무겁고 모서리가 날카로워서 종이봉투나 비닐봉지에 담으면 그것을 찢기 일쑤고, 격식을 갖춘 가방에 넣고 다니기에는 그 부피가 크다. 하지만 이 사물은 천이라 가벼울 뿐만 아니라 찢어지지도 않고, 비닐봉투와 달리 '폼'도 난다. 가격은 무게만 큼이나 또 얼마나 가벼운가!

이 '가볍고 착한' 사물은 이제 일상적인 가방의 한 종류, 또 어떤 의미에서는 패션 아이템이 되기도 했다. 그러고 보니 연예인들도 이 사물을 많이 들고 다닌다. 이 사물이 빠르게 널리 일상용품이 된 데는 '에코백(eco bag)'이라는 '착한' 이름과 이미지도 한몫했다. 에코백에서의 '에코(eco)'는 화학합성 소재나 짐승의 가죽·털 등을 사용하지 않는다 하여 붙은 이름이다. 실제로 이 이름은 1990년대 영국의 한 디자이너가 환경단체와 함께 '나는 비닐봉지가 아니에요(I'm not a plastic bag)'라는 문구가 인쇄된 천 가방을 선보인 데서 유래했다고 한다. 말하자면 이 사물의 유행은 '공정무역 커피' 같은 것일 수 있다. 맛있는 커피만 마셔도 '공정무역' '착한 경제' '정치적 올바름'에 기여할 수 있다니! 실용적인 동시에 패셔너블하기도 한데 게다가 '에코', 즉 친환경 운동에도 참여할 수 있다니 유행하지 않을 이유가 없지 않은가.

그런데 하버드 대학에서 발표한 한 흥미로운 연구 결과가 눈에 띈다. 슈퍼마켓 이용자 중 비닐봉지 사용자에 비해 에코백을 애용하는 소비자가 유기농 식품을 더 많이 고르는 동시에 고열량·고지방 식품 또한 훨씬 더 많이 구매한다는 사실이다. 왜 그럴까? 이는 모순되는 소비 행위인데 말이다. 이에 대한 연구팀의 해석이 재미있다. 연구팀은 에코백 이용자들이 '나는 일반 콜라 대신 다이어트 콜라를 먹으니 햄버거를 더 먹어도 괜찮다'는 식으로 생각하는 것이라고 이 연구 결과를 요약하면서, 이를 '자신이 도덕적(정치적)으로 올바른 행동을 했으니 그에 대한 보상을 스스로 만들어내는 것'이라고 해석했다.

참으로 의미심장한 이 연구 결과는 비슷한 여러 사회 현상에 대

'에코' '공정' '대안'은 상품이나 유행 아이템,
영혼 없는 제스처가 될 수도 있다.

해서도 시사점을 준다. 소셜미디어(SNS)와 관련하여 널리 알려진 연구 결과 중에는 정치사회적 이슈에 대해 비판적인 댓글을 열광적으로 다는 사람일수록 사회 봉사나 기부, 사회적 실천 행위에 직접 참여하는 비율이 현저히 떨어진다는 것이 있다. 도덕적 행위와 정치적 올바름은 '말'로 다 때웠으니 실제 '행위'로는 안 해도 된다는 무의식이 작동한 결과다. 이 경우 주체는 아무것도 하지 않았음에도 자신이 매우 많은 선한 일을 했다는 자기기만에 빠진다. 그는 '유사 시민'이 된다.

'에코백' '공정무역' '대안학교' 등 도덕적·정치적으로 올바른 말(개념)과 결부된 사물들의 세계가 있다. 하지만 그런 세계는 '에코'나 '공정' '대안' 또한 상품이나 유행 아이템, 영혼 없는 제스처가 될 수 있다는 사실을 보여주기도 한다. 또한 간단한 '말-개념'을 소비함으로써 '소비자'에 불과한 자신을 대안적 삶에 참여하는 도덕적·정치적 주체로 오인하는 경우도 있다. 소비자는 저도 모르게 자기 자신에게 속는 셈이다.

열쇠고리

곁에 있는 작은 토템

외국 여행의 설렘은 여행을 떠난 사람에게만이 아니라 그를 기다리는 친한 친구들에게도 있다. 허물없는 사이라면 그가 출국하며 가벼운 말로 약속했던 여행 선물이 은연 중 기대되는 덕분이다. 대단한 것을 원해서가 아니라 문득 궁금해지는 것이다. 그는 여행지에서 어떤 반짝이는 것들을 보고, 또 내 앞에 어떤 작은 풍경을 옮겨다줄까. 반면 출국 때 설레던 내 마음은 귀국 때가 되면 가볍게 초조해진다. 선물로 삼을 만한 마땅한 아이템을 아직 고르지 못했기 때문이다. '열쇠고리'는 그럴 때 적절한 사물이다. 우선 가성비가 최고니까. 그러나 선물의 우선순위를 정하는 기준이 비용일 수만은 없다. 열쇠고리를 선물로 정하는 이유는 어쩌면 그것이 선물의 본질을 구현하는 아이템 중 하나이기 때문이 아닐까.

열쇠는 다른 사물의 보조가 필요 없어 기능적으로 자족적인 사물이다. 하지만 사람들은 열쇠가 생기면 그것과 함께할 적절한 열쇠고리에 대해 자동적으로 생각하게 된다. 하나의 '짝'처럼 여기는 것이다. 왜 그럴까. 간단히 생각하면 예쁜 것을 달고 다니고 싶다는 '디자인적' 욕망이라고 볼 수 있으리라. 그런데 열쇠고리로 주로 사용하는 아이템의 종류가 정해져 있다는 사실에 주목해보면 대체로 캐릭터, 특히 예전에는 동물 캐릭터들이 열쇠고리로 많이 사용되었다는 사실을 쉽게 떠올릴 수 있을 것이다. 그렇다면 열쇠고리의 깊은 무의식은 토템(totem) 같은 것에 혹시 닿아 있는 것이 아닐까.

토템을 열쇠와 관련해서 좀 더 생각해보자. 토템은 원래 부족 신앙으로, 가족과 가계를 지키는 신성한 동물을 모시는 것을 뜻한다. 열쇠의 기본은 집 안으로 들어가는 대문 열쇠지만, 옛날에는 음식과 재물을 보관하는 곳간 열쇠가 가장 중요했다. 요즘에는 자동차 열쇠도 중요한 열쇠로 추가되었는데, 그것 역시 집안의 재물 중 가장 비싼 것의 '안으로' '열고 들어가는' 열쇠라는 사실에는 변함이 없다.

열쇠고리라는 명칭에 '고리'라는 단어가 있지만 사실 고리만 가진 열쇠고리는 없다. 다시 말해 열쇠고리에는 그것을 장식하는 사물이 달려 있기 마련인데, 특히 동물 모양은 열쇠고리 장식용 사물의 기본이라 할 수 있다. 내 추측에, 어떤 사물을 장식하는 것은 대개 동물을 그려 넣는 것에서 시작되지 않았을까 싶다. 서양의 유서 깊은 가문이나 대학들의 문장(紋章)이 그러하듯이. 애니메이션이나 영화 산업 등을 통해 다양한 캐릭터가 유행하지만 지금도 역시 이 캐릭터 산업의 핵심은 동물이다. 열쇠고리는 가벼운 비용으로도 살 수 있는 예쁜 모양의 사물이지만 우리는 그것을 고를 때 세심하게 살핀다. 복(福)을 '열고' 그 안으로 '들어가는' 열쇠의 '짝', 그러므로 개인의 운수를 생활 곁에서 지켜주는 토템이라는 걸 무의식이 알고 있기 때문은 아닐까.

외국 여행지에서 가져온 열쇠고리는 그곳의 풍토에서 자란 이국의 토템이다. 그러나 복을 지키고 기원해주는 마음은 세상 어디의 토템에도 똑같이 스며있을 것이다.

인형뽑기 기계

claw machine

도박이 아닌 허무주의

최근에 심심찮게 들려오곤 하는 뉴스 중에는 인형뽑기 기계 털이
범에 대한 것도 있다. 개중에는 그 기계에서 인형이 나오는 좁은 구
멍으로 들어갔다가 밖으로 나오지 못해 경찰관에게 덜미를 잡혔다
는 웃지 못할 해프닝을 다룬 것도 있다. 털이범 가운데는 청소년도
적지 않은데, 이런 현상은 어른아이 할 것 없이 이 사회가 인형뽑기
열풍에 빠져 있음을 보여준다. 폐업한 가게 자리가 통째로 인형뽑
기 가게로 바뀐 모습은 이 열풍이 사람들의 인기를 끄는 수준을 넘
어 그들을 중독시키는 것에까지 이르렀다는, 기이한 사회적 증후와
도 같다. 이 상황이 기이하다고 하는 이유는 '뽑기'라 하더라도 인형

185

뽑기는 복권 구입과는 다른 심리적 메커니즘을 가진 행위로 여겨지기 때문이다. 지극히 낮은 확률에 기대어 일확천금의 요행을 바란다는 점에서 복권은 도박의 심리와 동일하지만, 복권에서는 기대심리가 발견된다는 점이 인형뽑기와 구별된다. 반면 인형뽑기에서 뽑은 인형은 추후 자산으로 전환될 교환가치가 있는 물건이라 하기 어렵다. 또 기계 안에 있는 인형들이 모두 예쁜 것만도 아니다. 구색을 맞추느라고 유행 아이템을 넣어두기도 하지만 대개가 조잡하게 만들어진 경우도 적지 않다. 인형뽑기에 몰입하는 사람들은 어떤 쌈빡한 특정 아이템을 손에 넣고 싶어 한다기보다는 뽑기라는 행위 자체에 몰입하는 것으로 보인다.

인형뽑기에서 성공할 확률은 기계 안에 있는 인형들의 수에 한정적이라는 점에서 복권에 비할 바 없이 가시적이며 높다. 그런데 이렇게 생각해보면 더 역설적인 결론에 이르기도 한다. 복권은 비록 확률은 매우 희박하지만 성공할 경우 가지게 될 매우 높은 교환가치에 대한 기대심리가 작용하는 데 비해, 인형뽑기는 성공 확률이 상대적으로 훨씬 높지만 보상물의 교환가치에 대한 기대심리가 없다는 점에서 결국 가시적이며 확률이 높은 무가치성 자체에 몰입하는 행위기 때문이다. 극단적으로 말해서 인형을 뽑든 못 뽑든 그 행위는 무가치한 것으로 귀결되는 셈인데, 그렇다면 요즘 사람들은 그 무가치함 자체에서 유발되는 쾌락에 이끌린다고도 말할 수 있지 않을까.

물론 이 쾌락은 뽑기 행위 그 자체에서 발생하는 순간적인 것이지만 말이다.

이 무가치한 것 자체에 대한 몰입과 중독을 전문가들은 도박의 심리와 유사하다고 설명하지만, 이는 다소 피상적인 설명으로 보인다. 도박도 확률이 아주 높진 않지만 승리할 때 얻게 될 자산가치에 대한 기대가 그 밑에 깔려 있는 행위이기 때문이다. 도박과 복권의 심리학에 한탕주의가 작용한다면 인형뽑기에는 기대심리가 없다는 점, 무가치 자체에 대한 몰두라는 점에서 허무주의가 작동하는 것일 수도 있다. 이런 점에서 인형뽑기는 도박 및 복권의 심리학과는 정반대에 있는 심리학에 기초한 행위라고 해석할 수 있지 않을까.

불황 심리학의 끝판왕은 노동 없는 일확천금의 망상이 아니라, 더이상 아무도 이런 망상조차 하지 않게 된다는 사실이다. 프로이트는 현실 원칙과 쾌락 원칙 중 어느 쪽에도 속하지 않으며 고통 자체를 반복하고 그에 이끌리는 기이하고 맹목적인 충동이 인간에게 내재되어 있다고 했는데, 그의 직관에 따르면 이 충동의 끝은 '죽음'의 문제로 귀결된다. 물론 이러한 맹목적 충동이 인형뽑기의 '허무주의'와 직접 관련되는 것은 아니다. 하지만 현실적인 기대심리가 별로 없는 행위, 또한 뽑는다는 것 자체에 몰입하므로 오락이라 하기도 어색한 행위라는 점에서 인형뽑기의 '허무주의'가 '생명의 원리'와는 거리가 먼 맹목성을 지닌 것임에는 분명하다.

water purifier
정수기

'순수'한 불신 시대

서울시가 주최하는 공공기관 행사에 참여해본 시민들이 갖게 되는 공통적인 경험 중 하나는 서울시 수돗물 '아리수'를 행사 '선물'로 제공받는 것이다. 아마 수돗물을 이렇게 자신 있게 포장해서 지자체 브랜드로 내놓는 일은 흔치 않을 것이다. 이 자신감의 원천은 세계적으로도 매우 높은 기술력을 자랑하는 서울시의 수돗물 정수 처리 기술에 있겠지만, 한강이라는 수원지 자체에 대한 자신감도 한몫을 하고 있다. 책임감이 뒷받침된다면 이런 자신감은 좋은 것임에 분명하고, 아마 공무원들은 이 자신감을 유지하기 위해 최선을 다하고 있으리라.

188

그럼에도 어느 정도 경제력을 가진 중산층 이상에서는 수돗물을 직접 마시는 가정집을 이제 찾아보기 어려워진 게 또한 사실이다. 한국에서 수돗물을 있는 그대로 마시는 가정은 전국적으로 5%를 넘지 않는다는 통계를 본 적이 있다. 지방도시에서조차 현실의 많은 가정집들은 수도꼭지를 틀면 나오는 수돗물보다는 가게에서 파는 생수(生水)를 사다 먹는다. 생수의 원천은 유명한 산 속에서 발원하는 샘인 경우가 대부분이지만 해저에 수원지를 두는 특별한 경우도 있다. 이런 생수를 사 먹지 않는 가정에서 사용하는 것이 정수기다. 불특정 다수의 이들에게 식수를 제공해야 하는 식당 등의 업소에서도 주로 정수기를 사용한다.

정수기(淨水器)는 말 그대로 물을 깨끗하게 만드는 기계다. 깨끗해진 물, 그것이 '정수(淨水)'다. 여기에서 의문이 생긴다. '생수'도 깨끗한 물이 아닌가? 이 둘의 이름 차이는 정수기의 '정수' 원리에 따라 달라진다. 생수가 수원지의 물을 그대로 퍼 올려 먹는 '샘물' '지하수'인 데 반해, 정수기의 물은 인공적인 여과 장치를 통해 '걸러지는' 과정을 거친다. 물에 담긴 불순물을 미세한 반투명막(필터)을 통해 거르는 것이 정수기의 기본 원리다. 화학적 제거 작용도 있지만 그래도 필터링, 즉 '거르기'의 원리는 유지된다.

가정용 정수기의 물은 이미 공공 정수장을 거쳐 집 안으로 들어오는 정수된 수돗물을 또다시 거른 것이므로 이중으로 필터링된 물이라 할 수 있다. 한국이 세계적 수준의 정수 기술을 갖췄기에 수돗물을 마시는 데 별 문제가 없는 나라임을 생각한다면, 정수기라는 사물에서 본질적으로 드러나는 무의식은 그러므로 단지 건강에 대한 관심이 아니다. 그 이상으로 이 사물에 뚜렷하게 스며 있는 것은 공공 시스템에 대한 시민의 큰 불신이다. '나라가 하는 것은 믿을 수 없으니 내 가족 건강은 내가 챙겨야지' 하는 생각이 이 상업 시스템의 번창을 촉진했다. 서울시장이 직접 수돗물을 마시고 자기 가정에서도 그렇게 하고 있다는 것을 아무리 홍보해봐야 그것을 사실이라고 믿는 시민은 거의 없는 것이 불신 시대의 현실이다.

생수 시장의 엄청난 성장은 이 불신에 기초한 또 다른 파생 상품이라는 차원에서도 읽을 수 있다. '공공 정수기'인 상수도 시설에 대한 불신 때문에 생긴 사적인 이중 필터 장치가 가정용 정수기인데, 이것조차 믿을 수 없어서 성장하고 있는 것이 생수 시장이기 때문이다. 이 불신의 차원은 '살아 있는 물', 즉 '건강' '웰빙'에 대한 조금 다른 설명을 곁들이고 있지만 생수 시장을 성장케 하는 요소가 결국 불신이라는 점은 달라지지 않는다.

정수기 업체와 생수 업체는 각각 '깨끗한 물(정수)' '살아 있는 물(생수)'이라고 자기 처지를 옹호하면서 서로를 공격하기도 한다. 생수가 물과 건강 관념에 대한 좀 더 적극적인 주장을 통해 등장했고 더 비싸기 때문에, 주로 이 공격은 생수의 입장에서 정수기를 비판하는 모양새를 취한다. 그런데 여기에는 보기보다 미묘한 과학적·철학적 관점이 스며 있다.

정수기 업체는 자신들의 기술로 만든 물이 수돗물이 거르지 못한 불순물을 완전히 제거한 순수한 물, 즉 '순수(純水)'라고 주장한다. 여기에서 물에 스미거나 섞인 여러 이질적 구성 요소들은 '불순물' 혹은 '오염'의 관점으로 이해된다. 그러나 생수 업체는 정수기를 정수기 업체가 자기들의 장점이라고 주장하는 바로 그 지점을 비판한다. 너무 깨끗하게 정수해서 '순수'를 만들면 미네랄처럼 물속에 담긴 몸에 좋은 요소까지 죄다 제거되어 영양가 없는 물이 된다는 것이다. 정수기가 생각하는 '순수'는 생수의 관점에서 봤을 때 '좋은 것의 파괴'다. 이런 맥락에서 보자면 '끓인 물'은 더 나쁘다. 세균을 죽인다고 하면서 몸에 좋은 세균까지 없애버리는 것이니까.

이런 관점은 철학적 차원에서도 생각해볼 만한 여지가 있다. 사람들은 흔히 무균질 상태, 불순물이 없는 '순수한' 상태를 건강 상태나 안전한 상태로 생각하는 경향이 있는데 '과연 정말 그럴까?' 하는 질문을 그 관점이 포함하기 때문이다. 건강은 몸에 병균이 없는 상태가 아니라 이질적인 외부 물질들에 몸이 얼마나 탄력성 있게 대응할 수 있는가 하는 '환경 적응력의 문제'라는 관점도 있다. 건축가나 도시설계자들은 이를 '회복탄력성'이라는 용어로 표현하며, 지속가능한 도시에 대해 연구하기도 한다. 유기농 식품만 먹고 자란 사람이 반드시 더 건강한가에 대해서도 논쟁이 많다.

'오염'이라 여길 수 있는 있는 수준의 것들을 걸러낸 '잘 관리된 수돗물'은 '생수'와 얼마나 다른 물인가 하는 질문을 던져볼 수도 있다. 또 정수기의 관점에서 생수를 보자면, 생수가 주장하는 건강한 물의 구성 요소는 유일하게 물을 통해서만 흡수할 수 있는 것이 아니라 다른 음식을 통해 섭취할 수도 있기에, '생수'는 물이 몸에서 물질을 운반하고 다른 것들을 섞는 데 쓰이는 용매로서의 역할 이상의 것을 과장하고 신비화하고 있다고 주장할 수도 있다. 그렇다 하더라도 수돗물, 정수기, 생수, 끓인 물이 이 시대의 가장 심각한 위기를 드러내는 증상임은 분명하다. '웰빙'으로 표현되는 삶의 욕구 아래 숨어 있는 이 증상의 진정한 핵심 중 하나는 지구 생태계의 파괴 외에도 또 있으니, 우리 시대가 아무(것)도 믿지 못한다는 사실이 그것이다.

공적인 필터를 거친 후에도 집 안으로 들어오는 물을 다시 한 번 샅샅이 필터링하는 '순수한' 여과 장치인 정수기는 과연 순수한 장치인가. 지구의 위기, 문명이 만든 공공 시스템에 대한 불신, 과학적 이론에 대해서까지도 거둘 수 없는 의심이 한데 엉킨 총체적 불신 시대가 낳은 산물인 것은 아닐까.

조리

최소한의 고리

겨울 신발의 대명사는 뭐니 뭐니 해도 부츠다. 지금은 계절에 관계없이 신기도 하지만 발부터 발목, 심지어 무릎까지 가죽으로 감싼 부츠는 보온의 측면에서든 그 모양새에서 드러나는 '사물의 의지' 측면에서든 차가운 외풍의 틈입을 허용하지 않겠다는 강력한 방어 본능을 보여준다. 이 신발은 영락없이 추운 나라에서 온 북방계 사물이다. 눈이 푹푹 쌓인 숲속의 길과 잘 어울린다는 점에서 '산림(山林)계' 사물이기도 하다.

그렇다면 부츠의 반대편에는 어떤 신발이 있을까.

'가벼워지고 싶어. 가볍게 놀고 싶어. 근사하게 갖추지 않아도 사람들과 만날 수 있어. 사회적 마스크를 쓰지 않아도, 최소한의 복장으로도 거리로 나설 수 있어. 타인의 시선은 신경 쓰지 않을 거야. 나는 세상의 거리가 모두 우리 동네 같아. 온 계절이 다 여름 같아. 그래서 난 덮지 않고 두르지 않고 묶지 않고 움츠러들지 않을 거야.' 뭐 이런 '백수'의 표정을 한 청춘의 신발. 여름의 개방성을 갖고 있지만 한편으론 무언가 앙큼한 자존심도 있는 듯 묘한 긴장감을 유지하는 '최소의 신발'. 그래서 순전한 백수라기보다는 백수와 댄디 사이 어디쯤의 표정을 하고 있는 신발.

아마도 여러분은 슬리퍼를 떠올렸을지 모른다. 그러나 슬리퍼는 개방감 있는 모양새를 지니며 백수스럽기는 하지만 '쓰레빠'가 되는 경우도 많지 않은가. 게다가 용도와 사용자 층이 광범위한 덕에 '아재용' 사물로도 애용되는가 하면 실내용으로도 많이 사용된다. 슬리퍼 애호가들 중에는 '긴장감'이 떨어진 모양새를 보여주는 이들도 많다는 뜻이다. 어딘가 백수스러우면서도 나태하거나 패배주의의 분위기를 띠지 않으며, 일정 정도의 감각적 긴장감에 유희성까지 내포한 청춘의 신발. 겨울보다는 여름을, 산보다는 바다를 향해 (뛰어가지 않고) 걸어가는 신발.

'조리'라는 사물이 있다. '쪼리'라고 보통 발음한다. 발을 전체적으로 감싸지 않고 살을 외부에 노출시킨다는 점에서 슬리퍼라 할 수도 있지만, 발등을 덮는 면이 거의 없이 엄지발가락과 검지발가락 사이에 끈을 끼우는 식으로 발의 최소한만 신발에 걸친다는 점에서 슬리퍼 중에서도 최소한의 슬리퍼, 신발 중에서도 최소한의 신발이다. 그래서 '조리(쪼리)'라고 해야만 이 사물을 특정할 수 있다. 조리는 본래 일본의 전통 짚신인 '초리(草履)'라는 사물이 현대적인 여름 샌들로 변형된 것이다. 서양에서는 플립플롭(flip-flop)이라고 부른다. 이 전형적인 일본 사물은 그러나 더 이상 일본스럽지 않다. '플립플롭'이라는 패션의 한 스타일로 정착되었기 때문이다.

맨발이 드러나게 만든 신발이 슬리퍼와 샌들이지만 그중에서도 가장 극단적인 형상을 취하는 조리는 바로 그 최소한의 형상이 되레 감각적 긴장감을 만드는 역설을 보여준다. 슬리퍼와 샌들의 일종이지만 엄지와 검지 사이의 끈으로만 지탱하는 덕에 조리는 개방적이되 형상의 나태함과는 다른 실루엣을 만든다.

조리의 최소주의는 신발 밑창에서도 드러난다. 바닥은 현대 신발 기술의 핵심을 이루는 쿠셔닝(cushioning)과는 무관하게 납작하고 평평하며 최소의 두께로 최대한 '땅'에 밀착하려 한다. 신발로서 신기는 하지만 가능한 한 야생에 가까운 방식으로 존재하겠다는 무의식이 배어 있다. 쿠셔닝이 사실상 배제된 신발이므로 조리는 신발의 역사에서 볼 때 적어도 기능적으로는 가장 원시적인 신발, 야생의 신발, 문명에서 먼 동네의 기억을 담고 있는 신발이다.

유의할 점은 야생의 사물, 원시적인 것의 에너지를 담고 있는 이 무의식이 '야만'의 에너지와는 다르다는 사실이다. 실은 그와 반대다. 야생은 길들여지지 않은 본능과 관련이 있다. 이 본능은 생명을 향한 본능이다. 그래서 문명 속에서도 야생의 본능은 문명에 생기를 부여하고 문화의 응고를 저지한다. 반면 야만은 표면적으로는 문명의 형상을 취하지만 오히려 문명을 억압하는 반생명의 에너지와 관련된다. 표면에서는 문명적인 것처럼 보이는 문화에서 비인간적이고 반생명적인 사태가 일어난다.

야생과 야만은 백지장 차이지만, 그 원인과 방향과 결과는 정반대다. 야생은 개방성, 자유, 유희적 에너지와 관련되지만 야만은 폐쇄주의, 방어 본능, 공격성, 규율, 억압과 관련된다. 부츠 자체가 그러한 사물은 아니지만, 이것이 군대의 전투화에서 왔다는 사실은 '사물은 인간의 감각과 교호하는 은밀한 무의식'이라는 차원에서 들여다볼 만한 부분이 있다. 정신분석에서 부츠는 남근(男根)적 무의식의 전형적 표상이기도 하다. 야만을 흔히 자연적 상태라 여기기도 하지만 자연은 야만을 행하지 않는다. 야만은 문명의 것, 문화의 억압이나 과잉에서 비롯되는 문명의 그림자다.

형태상으로 부츠의 반대편에 있는 조리는 가장 개방된 형태로, 신발의 최소주의로 문명의 폼을 취하는 사물이다. 바람이 잘 통하고 햇볕을 온 발등으로 받으며, 아주 얇고 평평한 밑창으로 땅에 붙어 땅(노면)의 기운을 그대로 흡수한다. 신고 뛰기 어려운 이 사물은 그래서 느긋하고 청춘의 시간을 발랄하게 환기하면서 어딘가 가볍게 일탈적이다. 이 일탈성을 '도전적'이라고까지 할 수는 없으나 이 사물의 에너지에서 가장 멀리 있는 것들 중 하나가 억압과 순응주의인 것은 분명하다. 이 사물은 엄지와 검지 발가락 사이에 낀 단 하나의 끈을 놓지 않고 자신의 폼을 유지함으로써, 많은 끈을 붙잡고 있는 일상인들의 구두보다 더 싱그럽다. 야생이다.

#toilet seat

좌변기

휴머니즘의 발명

현대 도시의 풍경을 결정적으로 바꿔놓은 가장 중요한 사물은 무엇일까. 좀 과장하자면 오늘날 도시라는 시스템을 만드는 데 가장 중요한 사물이라 해도 괜찮겠는데, 내 생각으로는 화장실이 아닐까 싶다. 하수도를 이용한 고대 로마의 유명한 공중 화장실이 사라지고, 중세 서양이 다시 오래된 농경 사회의 풍경으로 회귀하는 방식으로 용변 문제를 해결했다는 사실은 늘 나로 하여금 고개를 갸우뚱하게 한다. 왜 그런 회귀를 택했을까.

화장실이 사라짐으로써 도시는 사실상 사라졌다 해도 되지 않을까. 용변이 도처에 널린 도시를 상상해보라. 그것이 도시인가. '도시'

란 무언가 폼생폼사와 밀접한 관계에 있는 이름이 아닌가. 사람이나 도시나 폼을 유지하는 일은 '가장 은밀한 곳'을 어떻게 조절하고 관리할 것인가 하는 문제와 관련이 있다.

현대 도시는 서양 중세와는 다른 방식으로 화장실을 도시 풍경에서 사라지게 했다. 실내 화장실이 발명되었기 때문이다. 화장실이 도시의 주택 바깥에 나와 있느냐 아니냐의 차이는 공중 화장실이 있던 시대와 없던 시대의 차이만큼이나 매우 크다. 도시의 시각적 풍경뿐만 아니라 도시의 공기까지 바꿔놓기 때문이다. 실내 화장실은 화장실을 개인화한다. 가장 짐승스럽기에 인간의 수치스러운 자의식을 자극하는 생리 현상에 그것은 진정한 사적 공간을 선물하고, 그럼으로써 비로소 짐승과는 다른 '휴머니즘'을 자연적 생리 현상에 선사한다.

이렇게 발명된 실내 화장실에서 적어도 외적인 차원으로 봤을 때 가장 중요한 사물은 좌변기다. 좌변기는 의자와 같은 형식이므로, 이는 확실히 공중 화장실이 아닌 실내로 들어온 화장실에 적절한 도구라 할 수 있다. 좌변기에 앉은 인간 포즈의 진정한 의미는 안락함이 아니다. 그것은 유일한 직립 보행 동물인 인간이 배설 행위마저 인간 고유성에 걸맞은 포즈를 '떳떳하게 꼿꼿이' 취하게 됨으로써 생리 현상에서조차 '휴머니즘'을 획득했다는 사실을 뜻한다.

20세기 초에 마르셀 뒤샹(Marcel Duchamp)이 남자 소변기를 예술

작품으로 세상에 내놓았을 때, 사람들은 깜짝 놀라며 어떻게 소변기가 예술일 수 있냐고 순진하게 물었다. 그런데 나라면 그와는 다른 맥락에서 소변기가 아닌 좌변기를 택하겠다. 좌변기야말로 인간 고유의 포즈로 생리 현상의 독자성을 일상화할 수 있다는 걸 보여준 '창의적' 발명품이기 때문이다. 그리고 보면 예술이야말로 휴머니즘의 고유한 산물이지 않은가.

주유기

길 위의 세속 교회

예나 지금이나, 또 동양이나 서양이나 제 집을 떠나 다른 집을 찾아 길을 나선 여행자는 늘 있기 마련이다. 명절에 푸근하고 따뜻한 마음으로 고향집을 찾아가는 사람들, 사업 또는 공무를 위해 바쁜 마음으로 멀리 출장을 떠난 직장인, 휴식을 위해 익숙한 일상을 훌쩍 벗어나 낯선 풍경을 홀로 찾아 나선 여행객, 그들 중에는 목적지를 정하지 않은 채 정처 없이 길을 떠도는 방랑자도 있다. 어떤 종류에 속하든 간에 모든 여행자는 자신들의 목적지로 이동하는 과정, 즉 '여정(旅程)'을 거치게 된다. 그 여정에서 그들을 가장 반갑게 환대하는 또는 반대로 그들이 가장 반갑게 여기는 사물은 무엇일까.

고향집으로 찾아가는 이라면 동네 어귀에 선, 어릴 적 봤던 느티나무가 그것일 수 있다. 휴식을 찾아 나선 여행객에게는 멀리 보이는 한적한 바닷가나 푸른 하늘일 수 있고 배고픈 방랑자라면 한 끼의 따뜻한 밥을 주는 음식점일 수도, 풍파에 휩쓸려 자신에게 익숙했던 곳을 어쩔 수 없이 떠나 정처 없이 떠도는 지친 나그네에게는 성당의 십자가나 절의 일주문(一柱門)이 그것일 수도 있겠다. 호기심 어린 눈으로 도시의 틈새를 탐사하는 젊은이에게는 골목을 돌아서니 예상치 않게 나타난 멋진 계단일 수도.

장거리 여행이라 하더라도 한 장소에서 다른 장소로 걸어 다니는 일이 일반적이었던 옛날과 달리, 오늘날의 장거리 여행은 자동차를 중심으로 이루어진다. 현대 문명의 여정은 그래서 불가피하게 자동차들이 다니는 도로를 중심으로 짜인다. 특히 자가 운전자의 경우 여행의 여정은 곧 운전의 여정이기도 하다. 고속도로건 작은 마을길이건 그는 한 목적지에서 다른 목적지까지 늘 차를 연결해주는 도로를 통해 움직이고, 혼자가 아니라 차와 '함께하는' 여행을 한다. 그러므로 현대 여행자의 조건은 저도 모르는 사이에 운전자로서의 조건을 병행하고 있다고도 할 수 있다. 이 이중 조건은 때로 '운전자로서의 조건'이 '여행자의 조건'보다 우위에 있는 경우를 연출하게도 만든다. 운전자로서의 조건이 충족되지 않아 여행자로서 누리고 있던 즐거움이 즉시 중단되는 난처한 경우가 바로 그 예다. 가령 자동차에 문제가 생겨서 도로 위에 멈춰 서면 그의 여행은 즉시 중단된다. 낯선 지역 어느 어두운 시골길을 지나던 차가 기름이 없어 서버리는 경우를 상상해보라. 여행객이 끼니때를 놓쳐 배고픈 것은 참을 수 있어도, 자동차가 끼니때를 놓치는 일은 상상 자체만으로도 매우 불편하다. 현대의 자가용 운전 여행자에게 '운전자로서의 조건'을 충족시키는 일은 여행 그 자체의 성패를 기계적으로 좌우하는 핵심 사항이 된다. 그러므로 앞서 던진 질문, 여행의 여정에서 당신을 가장 환대하거나 당신이 가장 반길 사물이 무엇인가에 대한 현대적인 대답 중에는 '주유기'라는 사물도 충분히 존재할 수 있을 것이다.

여행지로서 예전에 처음으로 밟았던 미국 땅은 내가 상상했던 것보다 훨씬 더 넓었다. 대중교통으로 커버할 수 없고, 개인들 각자가 자가 운전으로 한 지역에서 다른 지역으로 이동하는 식으로밖에는 원활한 생활 운용이 가능하지 않은 사회다 보니 어디에서고 눈에 띄는 것이 주유소라는 공간이었다. 도심을 벗어나 종일 달려도 사람을 구경할 수 없는 사막 지대에서조차 인공의 흔적은 늘 주유소와 함께, 심지어는 주유소를 통해서만 등장했다. 동서남북 자체가 분간되지 않는 낯선 나라, 낯선 지역에서 인적은커녕 지나가는 차의 먼 불빛조차 보이지 않는 황량하기 이를 데 없는 깜깜한 밤길을 운전하던 중에 연료 부족을 알리는 경고등이 켜지던 순간이 몇 번 있었다. 그때 나는 온몸에서 식은땀이 날 정도로 공포스러웠다. 여행자이면서

운전자였던 내게 한없이 절박하게 필요한 것은 주유소였고, 어둠 속에서 몇 시간을 달린 후에야 겨우 나타난 주유소의 주유기는 그렇게 반가울 수 없었다. 이런 순간과 맞닥뜨린 현대의 여행객에게 있어 주유소는 단지 자동차에 기름을 넣는 장소가 아니라 교회나 절처럼 고마운 구원자로서 세속의 도로가에 '현신(現身)'하는 사물이 아닌가 싶기도 했다.

당시 주유소에서 받은 특별한 인상 중에는 '셀프 주유기'라는 사물이 주는 것도 있었다. 황량한 사막길을 몇 시간 가로질러 다급하고 반갑게 주유소에 찾아들었음에도 그곳에는 우리나라의 주유소처럼 손님을 맞으러 나오는 사람들이 없었다. 주유소란 그저 미터기와 신용카드 결제기가 붙은 네모 박스를 달고 있는 사물들이 배치된 장소일 뿐이었다. 사람은 없고 기계만 있는 공간, 이게 미국적 생활 공간의 뼈대였다. 주유기는 사람 없이 거기에 그렇게 홀로 존재하는 사물이었다.

이런 형태의 주유기는 이제 우리나라에도 '알뜰주유소'라는 이름으로 도입되어 있다. 그런데 한국에서 사용되는 알뜰주유소 내의 셀프 주유기는 그 발상이 미국의 셀프 주유기와는 전혀 다른 지점에서 출발한다. 한국에서 이 사물은 주유해주는 주유소 인력의 인건비를 줄이고 운전자가 직접 주유함으로써 저렴하게 연료를 제공한다는 점에 초점이 맞춰져 있다. 하지만 미국에서는 '알뜰주유소'

란 개념 자체가 없다. 모든 주유소에서 주유는 '내 손으로' 직접 하기 때문이다. 트럭을 몰고 온 사람이든 택시 운전사든 고급차를 타고 온 사람이든 차에서 제 발로 내려 제 손으로 주유기 호스를 들어야 하고 신용카드 결제도 해야 한다. 그런 미국 주유소와 주유기에서 나는 미국적 실용주의의 실체를 강하게 느꼈다.

가끔 세계 최고의 부호 빌 게이츠(Bill Gates) 같은 이들이 국제 포럼에 참석한 모습을 텔레비전에서 본다. 그때마다 인상적인 것은 최고경영자가 늘 자기 손으로 007 가방을 들고 다닌다는 평범한 사실이다. 이게 미국의 실용주의다.

#wallet

지갑

유리지갑과 13월의 폭탄

당연하지만 지갑이라는 사물은 돈의 출현과 더불어 시작됐을 것이다. 하지만 돈에도 여러 종류가 있다. 최초의 화폐는 조개껍데기나 볍씨 같은 것이었다고 한다. 이런 원시적 화폐까진 아니지만 동아시아 문명의 기초를 다진 중국 춘추전국 시대에는 첫 화폐로 '포전(布錢)'과 '도전(刀錢)'이 쓰였다. 포전은 쟁기나 괭이나 삽 같은 농기구 모양의 화폐, 도전은 칼 모양의 화폐를 말한다. 이는 당시가 본격적인 농경 사회로 접어든 때라 농사의 성공을 기원하는 한편 천하의 패권을 다투던 시기의 상징성 등을 반영했기 때문이다.

아마 농기구나 칼 모양의 화폐를 담는 지갑은 없었을 것이다. 그러므로 지갑의 역사는 '동전'이 발명될 무렵부터 시작되었으리라. 지갑의 초기 모양이 어땠을지 짐작하는 것은 어렵지 않다. 최초의 동전이 발명된 기원전 7세기경 서아시아 지역에서 사용된 지갑도 우리 어린 시절 동네 담뱃가게 할머니가 허리춤에 차고 있던 '전대(錢臺)' 같은 것이 아니었을까.

종이돈이 생기고, 카드 같은 신용화폐가 주를 이루면서 지갑의 전형적인 모양은 지금 우리가 흔히 사용하는 작은 사각형 형태로 바뀌었다. 크기는 주머니에 쏙 들어가거나 손으로 들고 다닐 수 있는 정도이며, 주 소재는 찢어지지 않는 가죽이나 섬유다.

그런데 전대든 현재 통용되는 모양의 지갑이든 간에 지갑 만들기의 핵심은 같다. 바로 쉽게 돈을 꺼낼 수는 있지만 타인에게는 내용물을 노출시키지 않는 '은폐술'이다. 여기에는 아주 오래되어 우리가 인지하지 못하는 금기 의식도 스며 있다. 재물은 복(福)이며, 복은 복이 나가지 않도록 잘 숨겨야 한다는 생각 말이다.

신용카드나 모바일카드 같은 화폐 형태의 획기적 전환은 원천적으로 '내 복'을 숨길 수 없는 시대적 조건을 환기한다. 제아무리 좋은 가죽과 기술로 만든 명품 지갑이라 해도 전산 데이터를 통해 내부가 투명하게 훤히 들여다보이는 '유리지갑'의 운명을 벗어날 순 없다. 봉급쟁이의 지갑은 지갑이 전통적으로 갖는 소임을 감당하지 못한다. 현재 지갑에 들어 있는 돈뿐만 아니라 그 사람이 과거에 번 돈, 미래

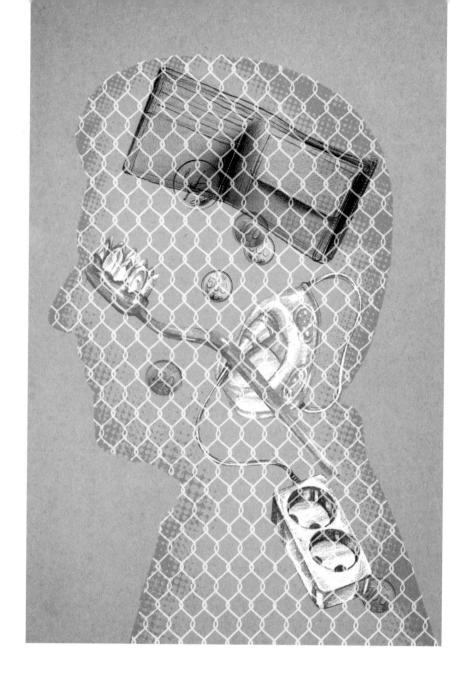

시스템의 현대화는 지갑의 은폐술을 무장해제시킨다.

에 벌 돈도 이미 국가에 공개되어 있기 때문이다. 이러한 현대의 조건은 공적 시스템의 합리화에 따른 결과지만 어딘가 모르게 떨떠름하다.

봉급쟁이에게 '13월의 보너스'라고 불리던 연말정산은 '13월의 세금폭탄'으로 그 이름이 바뀌고 있다. 복이 보너스의 형태로 지갑에 들어오는 시스템인 줄 알았는데, 그나마 남아 있던 복까지 점점 나라가 뺏어간다고 느낀다. 실제로 그렇든 심리적인 것에 불과하든 간에, 국민이 제 지갑을 복이 아닌 폭탄으로 여기는 생각이 지배하는 사회는 무언가 문제가 진행되고 있는 사회임이 틀림없다.

참빗

차분하고 촘촘한

"거시기 모다 있어라우, 찰옥수수 같은 잇속 드러내며 웃던 / 담바우 방물장수 아짐 / 대나무 참빗 달랑 하나 풀어놓고는 / 골방 아랫목 드르렁 고랑내 밤새 풀어놓으며 / 새비젓 무시너물 쩍국에 척척 식은 밥 한술 말아먹고 / 보리쌀 반 되 챙겨서 싸묵싸묵 새벽길 떠나가던 / 염치도 바우 같은 담바우 방물장수 아짐"(유하, 〈참빗 하나의 시〉)

여기저기 떠돌며 물건을 팔러 다니던 방물장수가 어딘가에서 하룻밤 기식해야 할 때 첫 번째로 꺼내놓는 것이 '참빗'이라는 사물이었다. 시에서는 "염치도 바우 같은"(염치없는) 방물장수라고 했으나,

방물장수 입장에서 보면 "참빗 달랑 하나 풀어놓"는 것만으로도 충분하다고 생각했을 것이다. 서양식으로 세상이 바뀌기 전에는 미용의 필수 도구가 참빗이었기 때문이다. 옛 여자들은 머리단장에 동백기름을 사용했는데, 빗살이 가늘고 촘촘해서 기름이 머리칼 곳곳에 잘 스민다는 이유 때문에도 참빗은 필수적인 사물이었다.

임진년 왜란이 일어났을 때 있었다는 이런 일화도 전해진다. 명나라 사신이 조선의 중신이었던 류성룡에게 "조선 백성은 '왜놈은 얼레빗, 되놈은 참빗'이라 한다는데 그 뜻이 무엇입니까"라고 물었다는 것이다. 이 말은 왜군의 수탈도 심하지만 조선을 돕겠다며 들어온 명나라 군대의 수탈은 참빗처럼 더 심하다는 당시 정황을 암시한다. 옛날에는 성격이 매우 꼼꼼하거나 끈덕진 근성을 지닌 사람을 '평안도 참빗장수'라 일컫기도 했다.

서양식 여성 빗의 대표인 헤어브러시는 모양이나 작동 원리에서 참빗은 물론 틈이 성긴 조선의 옛날 얼레빗과도 다르다. 우리의 전통 빗은 바깥에서 안쪽으로 누르고 쓸어내리며 머릿결을 차분하고 단정하게 가라앉히는 방식이었던 데 반해 헤어브러시는 파마를 하는 현대 서양식 머리단장의 특성을 반영한다. 길고 듬성듬성한 빗살 사이의 넓고 성근 공간은 머리카락 사이의 틈을 벌려 부풀어 오르게 하며, 머리칼을 바깥으로 쓸어 올려 풍성해 보이게끔 한다.

서울역 고가도로 공원화 사업을 시작으로 서울시는 도시 재생 사업들을 연이어 발표하고 있다. 여러 논란이 있다는 뉴스를 접하면서, '사람 중심'을 내세우는 서울시가 어쩌면 참빗의 방식을 놓치고 있는 건 아닐까 하는 노파심이 든다. 표면적이고 시각적으로 부풀려지는 헤어브러시 방식은 중층의 시간성을 지닌 수도 서울에 어울리지 않으니 말이다. 그건 '디자인 서울'이라는 허구적 명목하에 서울을 온통 시간이 증발하고 껍데기만 있는 '토목 도시' '키치 동네'로 만든 전임 시장들의 행태에 실망한 서울 시민들의 기대를 정면으로 배반하는 일이기도 하다.

책

이상한 나라의 아날로그

지하철 퇴근길 풍경 속에 있다. 예외 없이 사람들 손에는 핸드폰이 쥐어져 있다. 손에 든 사물이 책에서 핸드폰으로 완전히 바뀐 이 극적인 문명 변화의 풍경이 암시하는 바는 분명하다. 책은 매우 아날로그적 사물이라는 것.

그러나 이 사물의 아날로그가 우리가 쉽게 생각한 것과 매우 다른 방식의 것임을 알고 있는 이들은 많지 않다. 사물의 물리적 존재 형태를 표현하는 '아날로그(analogue)'란 개념의 핵심 의미는 '존재 연속성'이다. 예컨대 전통적인 아날로그 시계는 시간의 변화가 숫자판에 시계침으로 나타난다. 시간이 시계침의 '길'을 따라 연속된 물리

213

량으로 표현되는 것이다. 당연한 말이겠지만 사물에 대한 표현은 사물의 존재 방식 또는 그것에 대한 우리의 인식과 밀접한 관련을 맺는다. 표현되어 나타난 그것이 곧 그 사물이기 때문이다. 다시 말해 우리는 표현된 그 형태를 통해서만 사물의 사물됨을 인지할 수 있다. 고로 째깍째깍 끝없이 운동하는 시계침으로 표현된 시간은 '시간은 연속적으로 흐르는' 것이라는 인식과 구별되지 않는다.

'연속성'은 공간적으로는 한 사물의 완결성, 유일성 개념과 통한다. 절단되지 않은 사물은 떼어낼 수 없으므로 특정 시각에 오직 특정한 하나의 공간만을 점유할 수 있을 뿐이다. '지금-여기'에 존재하는 사물은 곧 그 사물이 같은 시각에는 다른 그 어느 곳에도 존재할 수 없는 유일무이한 것임을 뜻한다.

그런데 내 책상 위에 놓인 '책'을 보면 우리는 이 얘기를 좀 다른 차원에서 할 수도 있지 않을까 싶다. 책이라는 사물은 하나의 사각형 종이묶음으로서 이 시각 한 공간을 점유한 채 내 눈앞에 놓여 있는 물리적 실체다. 나는 손의 감각을 통해 물리적으로 이 사물의 질감을 느끼며 책장을 넘긴다. 인쇄가 완결된 물리적 실체에서 나는 어떤 종류의 정보를 습득한다. 이 사물은 하나의 완결된 실체로서 내가 이 시각 온전히 소유할 수 있는 아날로그적인 사물처럼 보인다.

그러나 나는 정말 책을 '소유'할 수 있는가. 책은 정말 '지금-여기' 책상 위에 있는가. 내가 손에 쥔 사과처럼 나는 그것을 남김없이 먹어버릴 수 있는가. 한 편의 시, 한 단락의 철학적 문장을 읽는 경험을 떠올려보자. 내가 충분히 이해하지 못한 한 문장은 책이 담고 있는 세계를 독자에게 은폐하는 동시에, 한 번도 경험하지 못했던 은밀한 곳으로 독자를 끌고 들어가 낯선 세계의 경이를 펼쳐 보인다. 이때 책은 책상 위나 내 손안이 아닌 다른 세계에 있다. 게다가 읽을 때마다 다른 시각을 선사하는 이 문장은 이 사물이 또 다른 '하나의' 세계에만 존재하는 게 아니라는 사실을 알려주기도 한다. 책은, 또 책의 세계는 여기에도 저기에도 있고, 과거에도 현재에도 있으며, 심지어는 아직 오지 않은 시간에 존재하기도 한다. 그렇다면 이 사물은 내가 소유할 수 있는 명사형-완료형 사물인가. 책은 내 손아귀를 빠져나가며, 나는 책의 세계로 끌려 들어가지 않는가. 이는 이 사물 앞에서는 누구도 그것의 주인이 될 수 없음을 알려주는 것이 아닌가. 내가 읽지 않으면 자신의 세계를 열어 보이지 않는다는 점에서 책의 주체는 책 그 자체가 아니지만, 그 세계를 나의 주도로 열 수 없다는 점에서 나는 책의 전적인 주체라 할 수 없다. 그렇기에 책은 모호하게 '중립적'인 공간을 건설한다. 책상 위에 놓인 책은 어떤 공간을 점유한 물리적인 실체라는 점에서 아날로그적이지만, 그 아날로그는 보이지 않는 세계를 그 시각에도 여기저기로 개방하고 있으며 존재의 비약을 향한 통로를 트는 동시에 은폐시킨다는 점에서 매우 특별한 존재 형태를 가진다.

철조망

갇힌 건 우리

지금 서울의 동네는 어딜 가나 아파트 일색이지만 어릴 적 우리 동네는 아파트가 거의 없이 사방이 옹기종기 모인 작은 집들이었다. 작은 집들은 작은 담으로 둘러쳐져 있었다. 이 시절 동네의 작은 집들이 제 집을 좀도둑으로부터 지킨다고 흔히들 쳐놓은 것이 담 위 철조망이었다. 담을 타넘지 못하게 만든 그 철조망은 비바람을 먹어 낡고 시뻘겋게 녹슬었지만, 솟아난 쇠이빨들은 여전히 뾰족하고 거칠게 사방으로 헝클어져 있어 그것을 보는 어린 마음에 늘 소름이 돋게 했다.

그 동네에 있었던 큰 집 하나는 동네에서 담이 가장 높은 집이기도 했다. 동네 사람들과 교류가 없었던 그 집의 높은 담 위에선 역시 날카로운 철조망이 사방으로 쇠이빨을 드러내고 있었다. 그런데 그 집 철조망 틈 사이에는 붉은 장미꽃들이 얼굴을 내밀고 있었다. 장미들이 얼마나 무성하게 우거졌던지 담쟁이덩굴마냥 높은 담 위까지 타고 올랐던 것이다. 그 집 앞을 지날 때면 늘 사방으로 방어벽을 친 완강한 쇠이빨과 그 틈 사이로 얼굴을 내민 붉은 장미꽃을 동시에 볼 수 있었다. 그 풍경 속의 장미꽃은 흡사 바깥세상으로 탈출하고 싶어 절규하는 죄수 같았다. 꽃의 얼굴은 예뻤지만, 꽃의 표정은 몹시 슬펐다. 어린 마음에 나는 그 집 철조망을 걷어내고 싶었다. 오직 그 장미꽃을 '구해주고' 싶어서.

요즘 동물원은 현대식이어서 그 안의 벽들도 내가 어릴 때 보던 것과는 조금 다른 형태를 하고 있다. 적어도 표면적으로는 더 넓은 개방감을 확보하는 형태로 만든 동물 우리지만, 그렇다고 동물을 가두고 있다는 사실 자체가 변하는 것은 아니다. 새들이나 맹수를 가둔 우리들 중에는 쇠이빨을 드러내지는 않지만 쇠를 지그재그 형태로 엇갈리게 해서 만든 마름모꼴 철조망도 있다. 담벼락과 달리 철조망은 그 내부도 보여준다. 지그재그로 직물처럼 짜인 철망 사이로 동물들은 우두커니 서 있거나 앉아서 무료한 표정으로 철조망 이쪽 편의 나를 쳐다본다. 야성을 잃은 그 눈은 권태롭기 짝이 없으나, 이 작은 울타리 경계를 벗어나 자유로이 거닐고자 하는 생명의 본능 자체가 거세된 것은 아닐 테다. 한 동물원에서 철조망의 틈새 사이로 저편에 있는 침팬지와 눈이 마주치는 순간, 담 밖으로 나가려고 높은 담 위까지 올라왔다가 쇠이빨에 걸린 채 철조망 밖 나를 쳐다보며 울고 있던 어린 시절의 그 장미꽃이 떠올랐다.

지금은 사라졌으나 반세기 이상 우리나라에서는 동해의 아름다운 절경들이 펼쳐지는 해안선 전체가 철조망으로 막혀 있었다. 동해안을 따라 차를 타고 가노라면 철조망으로 인해 그 너머의 풍경은 더욱더 아스라해지고 한없이 가슴을 시리게 했다. 임진강으로 이어지는 한강 줄기 부근 자유로에는 지금도 여전히 철조망이 쳐져 있고, 그 너머에서는 하루도 빠짐없이 세상에서 유일무이한 아름다운 석양의 드라마가 펼쳐진다.

내가 본 철조망 너머에는 늘 아름다운 생명이 있었다. 철조망 틈새로 그 너머를 본 사람들은 그래서 누구나 하나의 역설을 부지불식간 알게 된다. 갇힌 건 철조망 저편이 아니라 철조망을 친 이쪽 편의 우리 자신이라는 것을.

칫솔

'치아'가 아니라 '이빨'이다

극심하게 어렵고 힘든 상황을 어떻게든 버티고 나아가야 할 때, 이 고난 극복에 대한 의지와 인내심을 물리적으로 와 닿게 하는 표현 중 '이를 악물며 참는다'는 말이 있다. 누가 됐든 '이를 악무는' 상황은 그에게 있어 일반적 상황이 아니며, 처절하고 절박하며 위태로운 지경인 경우가 대부분이다. 인간이 겪는 혹독한 물리적 통증 중 하나는 산모가 출산 시 겪는 산통이 있다. 자연분만 외에 다른 방법이 없었던 옛날에는 애를 낳을 때 산모의 입에 재갈을 물려주곤 했다. '이를 악물기' 위한 방편이다. 너무 이를 악물어 이와 턱 등이 상해버릴까봐 완충용 도구를 사용했던 것이다.

초등학교 들어가기 전 아이들 중에는 또래 친구와 싸울 때 결정적으로 위급한 상황이 되면 상대를 '무는' 아이들이 꼭 있다. 이 나이의 꼬마를 자녀로 둔 엄마들이 제일 속상해하고 분해하는 일 중 하나는 다른 애에게 물려서 온 자기 애를 보는 것이다. 내 어릴 적 동네 친구 중에도 꼭 불리할 때면 나를 무는 애가 있었다. 나는 그 애와 자주 싸우며 컸는데, 손등이나 팔이나 어깨 등을 물려오는 날이면 우리 엄마 눈에는 열불이 나곤 했다. 주목할 만한 것은 초등학교라도 일단 학교라는 문명의 세련된 제도 안으로 들어갈 무렵이면 싸움을 해도 무는 애들은 현격히 줄어든다는 사실이다. 그 이후 나이에는 싸움에도 암묵적인 규칙 같은 게 생겨서 무는 일이 비겁한 '규칙 위반'으로 여겨지기 때문에 웬만하면 하지 않게 된다. 세계적인 축구팀 FC 바로셀로나의 스트라이커 루이스 수아레스(Luis Suarez)가 축구사에서 흔치 않은 이유로 주목받는 것도 그 때문이다. 경기 도중 몹시 흥분한 그는 리그 경기에서는 물론 국가대표로 출전한 월드컵 경기 도중에도 상대편 선수의 어깨를 갑자기 물어버리곤 했다. 사람들은 그를 그래서 이제 '핵이빨'이라고 부른다. 예전에 '핵주먹'으로 불리던 헤비급 복서 마이크 타이슨(Mike Tyson)이 상대 선수의 귀를 경기 도중 물어뜯어 복서 인생의 몰락을 자초한 사건에서 얻은 '핵이빨'이라는 불명예스러운 별명을 물려받은 것이다.

인간의 몸에서 나는 소리 중 가장 예민하고 견디기 어려우며 괴상한 느낌이 드는 소리는 수면 중 이를 가는 소리다. 어른이 내는 소리든 아이가 내는 소리든 마찬가지다. 어두운 밤 한 방에서 누군가와 같이 자고 있던 중에 그 소리를 듣고 나면 그다음부터는 소름이 끼쳐 신경이 쓰이고 쉽게 잠을 이루기 어렵다. 몇 사람과 동행하는 출장을 갔을 때의 일이다. 2인 1실로 숙소에 묵었는데 내 룸메이트였던 사람은 본인이 코골이가 심하다며 '조용한' 사람으로 짝을 바꿔 줬다. 그런데 나와 한 방을 쓰게 된 그 사람은 알고 보니 이를 가는 잠버릇이 있었다. 그때 알게 된 것이 코 고는 사람과는 같은 방에서 잘 수 있지만 이 가는 사람과는 정말 그렇게 하기가 어렵다는 사실이었다. 흥미로운 것은 코골이가 있는 사람은 자신의 잠버릇에 대해 알고 있지만 이를 가는 사람은 그 사실을 모른다는 점이다. 이를 가는 것은 자기 자신도 모를 만큼 더 내밀한 일이라는 뜻이겠다. 낮에 깨어 있을 때는 내지 않는 소리가 물리적 이완 상태인 수면 중에 나온다는 것은 생각해볼 만한 일이다.

국어사전을 보면 '이빨'은 짐승에게 사용하고 '치아'나 '이'는 사람에게 사용하는 단어라고 되어 있다. 그래서 중고등학교 국어 시험문제에서도 '사람이 이빨을 닦는다'는 틀린 문법의 문장이라고 가르친다. 그런데 국어사전의 이러한 정의나 표준어문법 규정은 과연 타당한 것일까?

이를 악물고, 이로 깨물고, 이를 가는 저 모든 상황은 사실 '치아'

나 '이'가 아닌 '이빨'이 드러나는 상황이라고 해야 하지 않을까. 그 지점에서 인간은 그 자신의 얼굴이 '인간의 얼굴'이 아닌 어떤 지점을 노출하지 않는가. '이-이빨'은 인간이 인간의 얼굴을 갖는 것은 태어나서부터 저절로 자연스럽게 되는 일이 아님을 보여준다. '이빨'은 인간이 이루고 사는 세계가 고통이든 욕망이든 이완이든 그것의 이빨을 드러내지 않기 위해 어떤 깊숙한 억압의 층위에서 움직이고 있다는 사실, 우리 안에 '이-치아' 이전의 '자연적' 세계가 있다는 사실을 암시한다.

칫솔이라는 사물은 건강한 몸을 유지하기 위한 기능적 사물로 알려져 있다. 그러나 평소에는 더할 나위 없는 젠틀맨이지만 매일 이를 닦을 때마다 심한 욕설을 하는 친구를 본 적이 있는 나는 이 사물에서 다른 걸 본다. 아마 그 친구는 이빨을 드러내지 않기 위해 무던히도 그 자신을 '닦아야' 했으리라. 하지만 칫솔이 그때 닦는 것은 '이-치아'가 아닌 '이빨'이라 해야 할 것이다. 그것을 잘 닦아야 우리는 '사람'의 '치아'를 가지고 살게 된다. '이빨'이 아니라 '치아'를 가지려는 노력, 그것이 곧 '인문 정신'이다.

코인

화폐 아닌 화폐

   '코인(coin)', 즉 '동전'이라는 사물은 조개 화폐나 희귀 광물 같은 자연물을 제외한 인공 화폐의 역사에서 가장 오래된 형태의 것이다. '코인'의 전형은 동서양을 막론하고 동그란 형태로 금속을 주조하고 그 표면에 사람의 얼굴을 새기는 것이다. 대체로 그런 인물의 얼굴은 코인이 현실의 물질 경제에서 실제로 영향력을 발휘하게 하는 정치적 권력(자)의 범위 및 형상과 일치했다. 로마의 코인에는 황제의 얼굴이 새겨져 있는데, 이 코인의 현실적 영향력은 실제 로마의 힘이 미치는 범위와 일치한다.

   흥미로운 것은 고대의 코인에서 철학적 사색의 흔적을 읽을 수도 있다는 사실이다. 그리스인들이 인류에게 물려준 가장 위대한 선물 중 하나인 비극(tragedy)에서 사용한 '캐릭터(charicter)'라는 용어는 본래 코인에 새겨진 사람의 얼굴을 가리키는 말이었다. 소포클레스나 에우리피데스(Euripides) 같은 위대한 비극 작가들은 코인에 새겨진 얼굴을 특정 정치적 지배자의 형상보다는 동종의 인간 형상 중 하나로 보았다. 스핑크스의 수수께끼를 푼 유일한 지혜의 인간이었던 오이디푸스 왕도 자신의 진실을 보지 못하는 아이러니를 가졌다는 점에서는 우리와 동류의 인간이다. 오늘날 캐릭터의 의미가 배우-인간의 특수한 개성으로 받아들여지는 것과 반대로, 고대의 작가들은 코인에 새겨진 개별적 얼굴 모두가 '동전'이라는 같은 사물의 위에 있다는 점에서 본질적으로 같은 성질의 것이라 여겼다. 그들에게 있어 개별성에 대한 탐구는 '휴머니티'라는 인간 보편성에 대한 탐구와 분리되지 않았다. 아리스토텔레스의 문학 비평도 이런 의미의 캐릭터 분석에 기반을 둔다.

　아직도 세계의 코인에는 얼굴이 많이 새겨진다. 역사적으로 평등 사회가 도래하면서 이 얼굴은 정치 권력자에서 해당 공동체의 위인으로 불리는 역사적 인물들로 교체되는 경향이 많다. 그런 점에서 코인만큼 인간사의 아이러니를 잘 보여주는 사물도 흔치 않다. 가장 실용적이고 권력적인 사물에 정신적 화신을 새기니까. 이것을 다른 차원에서는 인간이 모여 만든 문명의 교묘한 심리 전략을 드러내는 것으로 해석할 수도 있다. 물질적이고 실용적인 것의 표상을 그 가장 반대편에 있는 거룩한 존재의 힘에 의해 축복받으려는 주술 같은 것 말이다. 물질이 유발하고 물질에 딸려 있을지 모르는 죄를 탕감받으려는 무의식 같은 것도 있을 수 있다.

문명사의 흐름에서 전통적인 현물 화폐를 사용하는 일은 이제 급격히 줄어드는 추세를 보인다. 가장 결정적인 역할을 한 것은 신용카드였지만 이마저도 디지털 시대의 등장으로 빠르게 전자화되고 있다. 지갑 속의 카드조차도 필요 없는 현실이 도래하고 있는 것이다.

여기서 이런 의문이 든다. 인공 화폐의 역사에서 가장 오래된 코인이라는 사물은 언젠가 사회에서 완전히 사라지게 될까. 50년 후쯤의 지구를 상상할 때 나는 '지폐'라는 형태의 화폐가 사라져 있을 거라고 확신한다. 이미 그 현상은 신용카드의 등장이 잘 보여주고 있으니 말이다.

그러나 그보다 더 무겁고 불편한 코인이 사라질 것 같냐는 질문에는 '노(No)'라고 답하겠다. 신용카드가 지폐는 대체해도 코인을 대체할 수는 없기 때문이다. 지폐는 화폐와 같은 뜻이지만, 코인은 그저 화폐인 것에만 그치지 않는다. 이에 대한 증거는 도박장에서 잘 나타난다. 도박장에서 카드 게임을 하건 주사위 놀이를 하건 전자오락을 하건 간에 그 매개가 되는 기본 화폐 형태는 코인이다. 이것은 역설적으로 코인이 화폐가 아니라는 사실을 잘 보여준다. 만약 화폐라면 무게가 있고 계산하기도 불편한 코인보다는 간단한 지폐를 사용할 것이기 때문이다. 코인은 손에 쥐어지는 특유의 물질성 면에서 지폐와 비교되지 않는 실감을 가지고 있다. 잭팟이 터질 때 사람들이 원하는 것은 돈이 아니라 쏟아져 나오는 물리적 실감 그 자체가 만들어내는 쾌락이다. 지폐가 나오는 상황과 코인이 나오는 상황을 비교해서 상상해보라. 소리와 함께 쏟아져 나오는 코인의 쾌락은 지폐와 비교가 되지 않는다.

코인이 '원'의 형태라는 것도 중요하다. 이는 그 형상 자체로 상당한 유희성을 내포하는데, 이는 원형이 '굴릴 수 있는' 것이라는 특성과 관련이 있다. 원형은 어디로 향할지 모르는 불확실성을 감각에 부여하고, 이 불확실성은 불안감과 동시에 그것에서 생산되는 기묘한 쾌락도 선사한다. 다시 말해 코인의 저변에 새겨진 가장 중요한 무의식은 사람의 얼굴 이전에 이 불확실성이 부여하는 '놀이' 감각이다. 이 불확실성 자체는 곧 '게임'의 조건이기도 하다. 흔히들 돈을 실용성과 합리성의 차원에서 이해하는데, 그 자체로 놀이가 되어버린 화폐는 도박의 경우에서처럼 합리성의 탕진을 통해 흥분의 메커니즘을 생산한다.

가상화폐가 '비트-코인(bit-coin)'처럼 '코인'이라는 형태로 이미지화되는 것은 그런 점에서 거의 필연적이다. 이것은 코인에 위인의 얼굴을 새기는 것만큼이나 아이러니한 인간 심리의 메커니즘을 보여준다. 가상의 형태에서조차 인간은 물리적 실감을 여전히 원하고, 가상이니만큼 이 실감은 더욱 리얼하게 주어져야 한다. 신기루가 더 강력한 환영으로 나타나는 것처럼, 또 환상이 더욱더 강력한 실감을 갖는 것처럼. 가상화폐에 대한 전망은 경제 전문가, 테크놀로지 전문가들 사이에서조차 극단적으로 엇갈리지만 인문학적 직관에서 봤을 때 이 신종 사물의 특징이 다름 아닌 '코인'이라는 사실만큼이나 의미심장한 것은 없다. '코인'은 둥글고 아이러니하며 축복이고, 탕진 그 자체를 목적으로 삼는 비합리적이고 불확실한 놀이의 성격을 내포한다. 그것은 또한 만질 수 없는 것임에도 도처에 있다(고 가정된다).

글로벌 경제가 이 사물을 지금 자기 순환계의 적혈구로 수용하기 시작했다는 것은 지구 문명의 앞날과 관련하여 무엇을 뜻하는 걸까.

콘센트

#concentric plug

도시인의 산소호흡기

2016년을 기준으로 한국의 성인 한 명당 연평균 커피 소비량은 426잔이라고 한다. 농림축산식품부에 따르면 국내 커피 판매 시장의 규모는 6조 4,041억 원이며, 그중 커피전문점(카페)이 차지하는 비중은 62.5%인 4조 원 정도다. 또한 국제커피기구(ICO)에 의하면 한국은 미국(1위), 브라질(2위) 등에 이어 세계 15위의 커피 소비 대국이다. 19세기 말에 들어온 커피가 시민의 일상으로 자리 잡은 지는 오래되었고, 거의 매일 소비하는 '주식'에 가까운 기호품이 되다 보니 엥겔지수에서 커피가 차비하는 비율도 무시하지 못할 수준에 이르렀다. 나처럼 아침부터 밤까지 종일 글쓰기로 하루를 보내는 사람에게는 카페에서 머무는 시간이 길어 밥값보다 커피값이 더 드는 날도 적지 않다.

이러한 일상 소비 패턴의 큰 변화는 공간 사용에 관한 사람들의 패턴도 변화시킨다. 커피 판매 시장에서 커피전문점이 60% 이상의 비중을 차지한다는 사실은 커피전문점, 즉 카페가 시민의 일상 공간이 되었으며 시민 입장에선 그곳에 머무는 시간이 생활의 일부가 되었음을 뜻한다. 일상에서의 이러한 변화는 예상치 않은 특정 사물에 대해 이전과는 전혀 다른 존재감을 부여하기도 한다. 가령 이런 질문을 생각해보자. 당신이 거의 매일 카페를 찾는 데다 직업도 학생이나 기획자 같은 종류의 것이라면 당신은 어떤 것을 주요 기준으로 삼아 카페를 선택하겠는가. 이를 이렇게 바꿔 물을 수도 있다. 여러 개의 카페가 늘어선 낯선 거리에서 카페를 선택할 때 당신은 매장의 무엇을 보고 그 카페로 들어가는가. 또 그 카페에 들어가 가장 먼저 확인하는 것은 무엇인가.

예전이라면 이런 질문은 난센스 퀴즈 취급을 받았을 것이다. 어떤 기준에서 카페를 선택하냐고? 당연히 그곳의 커피 맛이 좋은가의 여부 아니겠는가. 그러나 내 경우라면 이러한 대답은 정답이 아닐 수 있다. 커피 맛이 좋으면 금상첨화지만 선택 기준으로서 그것은 최우선이 아닌 두 번째거나, 심지어는 전혀 고려 대상이 되지 않는 경우도 있다. 많은 경우 내가 카페에서 우선 확인하는 것은 이 사물의 존재 여부이기 때문이다. 내게 있어선 '이곳에서 내가 이 사물을 사용할 수 있는가'가 카페 선택의 '절대기준'이 된다. 카페에서 커피 말고 또 무슨 사물을 사용하느냐고 묻는다면 당신은 사무직이 아닌 장년층 이상 연배의 사람일 가능성이 많다.

내게 커피 매장의 절대 선택 기준이 되는 사물은 바로 콘센트다. 카페라는 곳을 사용하는 목적이 단지 커피를 마시는 것이 아니라 노트북을 들고 가서 업무를 보는 것으로 바뀐 지는 이미 오래되었다. 그러다 보니 카페는 이용자의 성격에 따라 꽤 오랜 시간 머무는 '이동 작업실'이 되고, 그에 따라 방문객의 노트북에 전력을 공급할 전력원으로서 콘센트를 갖출 필요성이 생긴 것이다.

그런데 생각해보면 오늘날 콘센트는 단지 노트북 작업을 하는 이에게만 필요한 것이 아니다. 사람들은 이제 거의 누구나 핸드폰을 들고 다니는데, 스마트폰으로의 진화와 더불어 배터리가 줄어드는 속도도 빨라져 핸드폰은 늘 충전을 필요로 하는 상태에 이른다. 문제는 핸드폰이 '스마트'하게 진화한 현상이 단순한 도구의 개선 수준에 머무는 일이 아니라는 사실이다. 스마트폰이 된 핸드폰은 통화, 문자 메시지 송수신, 전화번호 저장, 길 찾기, 금융 거래, 물건 구입, 사진 촬영, 교통비 지불, 정보 검색, 신문 보기, 메모, 개인 정보 저장, 이메일 체크, 음악, 감상, 방송 청취, 게임, SNS 활동 등 개인 생활과 관련한 거의 모든 것을 도와주는 모바일 비서 역할을 하고 있다. 의지할

곳이 없는 해외에 여행이나 출장을 갔을 때 벌어질 수 있는 최악의 일은 예전 같으면 여권을 잃어버리는 것이었겠지만 지금은 핸드폰을 분실하는 것이다. 핸드폰은 나와 관련된 정보를 저장한 집적체임과 동시에 지적 기능도 대행해주는 사물이기 때문이다. 한순간도 손에서 핸드폰을 뗄 수 없는 것은 단순한 '중독' 때문만이 아니라 문명의 생활 프레임 자체가 이 방식으로 변화했기 때문이기도 하다.

이런 모바일기기는 하는 일이 많은 만큼 빠르게 방전된다. 그리고 그것이 방전될 때 사용자들은 생각보다 큰 낭패감에 젖는다. '업무'가 중단되는 것이 아니라 모바일기기를 통해 이루어지는 일상 전체가 중단되는 탓이다. 이런 방전 상황은 주행 중인 자동차의 기름이 다 떨어져버린 상황과 비슷하지만, 모바일기기의 놀라운 기능 집적성 때문에 도시인들이 느끼는 심리적 낭패감은 더 커 보인다. 핸드폰 배터리 잔량이 20% 미만으로 떨어지면 도시인들은 벌써 안절부절못한다. 그리고 어떻게든 이 불안감을 해소하기 위해 허겁지겁 무언가를 찾기 시작하는데 그것이 바로 콘센트라는 사물이다. 디지털 시대 모바일기기의 진화에 의해 콘센트가 이전과는 전혀 다른 존재 위상을 갖게 된 것이다. 자동차로 치면 주유기에 해당하는 이 사물은 누군가로 하여금 카페를 커피 마시는 장소가 아닌 '주유소'로 보이게 만든다.

그렇다면 이 콘센트라는 사물의 성격 변화를 좀 더 디테일하게 살

퍼볼 수도 있겠다. 예전의 콘센트는 전기로 작동하는 도구들에 전기를 공급하는 '전원(電源)'으로 건축물의 벽에 드문드문 만들어져 있었고, 전기제품이라는 인공 사물들과 일대일로 만났다. 밥솥과 만나는 콘센트는 밥을 짓는 일을 돕는 사물이었고 텔레비전과 이어진 콘센트는 텔레비전 시청을 위해, 욕실의 헤어드라이어와 연결된 콘센트는 머리 말리는 일을 위해 에너지를 공급했다. 여기에서 주목할 점은 콘센트와 연결된 사물들이 그것과 늘 '실시간으로' 만난다는 사실이다. 콘센트에 연결되어 있는 그 순간에만 그 사물들은 전력을 공급받으며 '살아 있을 수' 있기 때문이다. 이렇듯 콘센트가 이전에 사물들과 만났던 방식은 기능적으로는 일대일이었으며, 시간적으로는 '실시간(live)'이었다.

반면 현재 모바일기기와 콘센트가 만나는 방식은 예전의 그것과 사뭇 다르다. 모바일기기는 앞서 말했던 것처럼 기능적으로 여러 가지를 수행할 수 있는 '멀티(multi)' 사물이다. 그리고 이러한 성격은 앞으로 어떤 방향으로 발전해나갈지 예측할 수 없을 정도로 변화의 가능성이 열려 있다. 따라서 지금의 콘센트는 기능적으로 사물과 일대일이 아닌 일대다(多)로 만난다. 한 개인과 연결된 세계의 중요 통로와 도구, 플랫폼 및 사회가 이 '다'에 포함되어 있다는 점에서 콘센트는 이제 낱낱 사물의 전력 장치가 아니라 '세계'와 연결된 종합발전소다.

또한 모바일기기에 대해 콘센트가 가지는 전원으로서의 역할은 이제 완료된 상태가 아니라 아직 알 수 없는 미래의 어떤 도구를 위한 것이 될 수도 있다는 점에서 그 가능성이 더욱 열려 있다. 특별히 주목할 점은 모바일기기의 경우 단순 정보 전달을 넘어 판단력을 갖추고 의견을 제시하는 등 점점 더 인공지능에 가깝게 진화하는 데다 정보 집적성이 엄청나다는 점에서 사실상 '인간화'되고 있다는 점이다. 이렇게 스마트화한 사물들의 전원이 되는 콘센트는 무생물-사물과 만나는 것이 아니라 '인간'이나 '인지 기능을 지닌 생명체로 변화하고 있는 사물'과 만나는 것이라고 할 수 있지 않을까.

바로 이 지점이 예전의 콘센트와 지금의 콘센트가 갖는 가장 큰 차이다. 급격히 줄어드는 핸드폰 배터리를 보는 순간부터 사람들이 갑자기 어찌할 바를 모르며 콘센트를 찾는 것은 어쩌면 자동차라는 무생물의 기름이 떨어지는 것 이상으로 콘센트가 '생명'에 '전기 산소'를 불어넣는 산소호흡기로서의 기능을 이미 하고 있기 때문인지도 모른다.

이 호흡기가 생명체로 변화하고 있는 사물에 숨을 불어넣는 방식에도 흥미로운 지점이 있다. 예전에 사물과 연결되어 그것들의 전원이 될 때 콘센트가 갖는 기능은 '실시간'의 것이었다. 텔레비전이든 냉장고든 전자 제품들은 콘센트와 연결되어 있을 때 켜지고, 연결이 끊어지면 작동이 정지되었으니까. 이에 반해 구조적으로 봤을 때 기기 자체에 직접 숨을 불어넣는 것이 아니라 그것에 부착된 배터리를 충전시키는 방식을 취한다는 점에서, 모바일기기와 연결된 콘센트는 직접적인 전원 제공처를 넘어 '충전소(charger)'가 된다. 즉, 콘센트와의 연결선을 뽑아도 기기들은 '전기 산소'를 배터리에 저장해뒀기 때문에 계속 살아 있을 수 있다! 전기를 사용하는 인공 사물의 전원으로 작동하는 콘센트의 기능이 시간적으로 연장되고 공간적으로도 확장된 것이다.

오늘날 새로운 자동차 산업에서 혁신적인 제품으로 나타난 전기차라는 사물에 있어서도 제일 중요한 관건은 콘센트-배터리다. 이 분야의 체인지 메이커(change maker)인 테슬라(Tesla)의 전기차 충전소 '슈퍼 차저(super charger)' 역시 간단히 말하면 '탁월한 콘센트'다. 예전의 콘센트는 건축물의 벽에 고정되어 있는 일부 요소에 불과했지만, 지금의 콘센트는 전기 저장 능력을 가진 배터리 덕분에 '당장 바로 소비하지 않아도 되는 힘'을 잠재적으로 보유한 사물이 되었다고 해야 하지 않을까.

타일

――――

부분과 전체

바닥이나 벽 등의 표면을 고르고 일관된 모양으로 덮는 데 쓰는, 고온에 구운 평판형 점토질 사물을 타일(tile)이라고 한다. 건축물 표면에 비교적 간단히 부착할 수 있는 이 사물은 균열을 일으키지 않고, 점토의 특성상 변색하는 일도 없으며, 내구성과 내수성(방수)이 뛰어남은 물론 패턴에 따라 장식적 효과도 매우 크므로 여러 건축물에 널리 사용된다.

타일이란 단어는 '덮다'라는 뜻을 가진 라틴어 'tigura'에서 유래했다고 한다. 그러나 이 사물은 집의 역사만큼이나 오래되었고 사용지역 또한 광범위하다. 이집트나 바빌로니아 같은 문명의 발상지에 있는 궁전, 힌두교 성전, 이슬람 성전, 고대 아스텍 건축물 등에도 다양한 타일이 사용되었다.

타일은 그 하나하나 자체로는 특별한 미적 특성을 제대로 발휘하기 어려운 사물이다. 낱개로 있을 때의 타일은 단단한 점토, 반듯한 사각형 작은 돌조각이다. 이런 상태로는 실용적 측면에서건 미적 측면에서건 제 역할을 하기 힘들다. 타일의 존재론적 의미는 그것들이 하나하나 붙어 일정한 계열과 패턴을 이루기 시작할 때부터 비약적으로 증가한다.

점으로 존재하던 타일은 일관된 특정 구성 안에서 선이 되고 면이 된다. 부분은 전체가 되며 개별성은 전체 안에서 하나가 된다. 모자이크 조각처럼 건물의 바닥이나 벽에 부착된 타일은 그 패턴 안에서 사후적으로 자기 정체성을 획득한다. 개별성만으로는 미미했던 사물의 의미가 전체적인 것 안에서는 실감을 주는 사물이 되는 것이다. 이때 타일은 바람과 비, 또 불로부터 집을 지켜내는 견고한 방어벽이 될 뿐 아니라 심지어 심미적 사물로 변화하기까지 한다. 부분적으로는 인식되지 못했던 시각적 개별성의 의미가 맥락을 지닌 시각 인상의 일부로 변했기 때문이다.

그런데 거꾸로 말하면 전체 안의 일부가 된 타일 조각은 전체의 차원에서도 필수적인 요소가 된다. 일단 타일과 타일이 촘촘히 벽과 바닥을 덮고 나면 단 하나의 타일 조각만 떨어져나가도 전체 모양새가 어그러진다. 심미적 측면이 훼손되는 것은 물론 그곳으로 물이 스미기도 하고, 그 옆의 다른 조각도 연쇄적으로 떨어져 나가면서 바닥과 벽면 전체가 들려버리는 일도 발생한다.

그렇다면 전체를 치명적으로 훼손할 수도 있는 타일 조각은 정말 단지 부분에 불과한 사물일까. 사물과 인간이 함께 어울려 사는 세계에서 부분은 무엇이고 전체는 과연 무엇인지 질문해볼 일이다.

텀블러

기호가 된 생필품

커피가 일상화되면서 널리 퍼진 사물 중 하나가 '텀블러'다. 물병을 들고 다니듯 커피를 담는 자기만의 병을 들고 다니는 문화가 생겨난 것이다. 텀블러는 커피를 담는 물병인 동시에 커피잔의 기능을 겸하는 사물이다. 그래서 커피잔처럼 생겼으면서도 뚜껑을 가지고 있고, 몸통은 보온 물병처럼 보관과 운반이 편리하게, 입구는 내용물을 마시는 데 불편함이 없도록 디자인된다.

텀블러의 최초 확산에 한몫을 한 것은 캠페인처럼 퍼져나간 환경 친화적 의식이다. 플라스틱이나 종이로 만들어진 테이크아웃용 컵 같은 일회용품이 환경에 어떤 문제를 일으키는지 점차 인식되었고 그에 따라 텀블러가 대안으로 떠올랐기 때문이다. 어떤 카페에서는 개인용 텀블러를 가지고 오는 손님에겐 커피값을 할인해주기도 한다. 이 현상만 보자면 이 사물은 사람들이 시장이나 일용품을 파는 대형 마트에 갈 때 비닐봉지 사용을 피하기 위해 자기 장바구니를 들고 가는 흐름과도 통하는 면이 있다.

　그러나 최근 유행하는 텀블러의 무의식에는 표면에 내걸린 환경친화적 문제의식 외에도 몇 가지 흥미로운 지점들이 내포되어 있다. 우선 텀블러의 유행은 2000년대 이후 커피 체인점의 기본 아이콘이자 도구인 테이크아웃잔에 스민 무의식을 공유한다. 내가 보기에 커피 체인점의 대명사가 된 스타벅스의 대성공 요인 중 가장 중요한 것은 바로 '테이크아웃잔'이라는 도구의 발명이다. 이는 종래의 커피잔과 달리 손님이 구매하는 일종의 '상품'이다. 손님은 카페에서 커피를 산다고 생각하지만, 실은 커피와 더불어 그것을 담은 잔까지 사는 것이다(커피 가격에는 이 잔의 비용이 들어 있다). 이는 자기만의 컵이라는 개인 소유물이 됨으로써 손님에게 만족감을 선사한다. 테이크아웃잔 역시 일회용 종이컵의 일종이지만 디자인과 기능 면에서 종래의 종이컵과는 비교할 수 없을 정도로 완성도가 높아 적어도 커피를 마시는 동안엔 자기가 들고 있는 잔이 일회용이 아니라는 만족감(착각)이 들게 하는 것이다. 비록 마신 후 바로 폐기되는 것은 마찬가지임에도 말이다.

그런 면에서 텀블러 역시 자기만의 컵이라는 점은 테이크아웃잔과 동일하다. 게다가 이 컵은 정말 일회용품이 아니므로 테이크아웃잔보다 개인성이 훨씬 더 강화된 사물이다. '친환경'을 이미지화하고 있으나 텀블러의 진짜 무의식은 거기에 기반을 둔 것이 아니라는 사실은 이 물건이 '커피잔' '커피병'으로서는 꽤 비싸다는 아이러니에서도 엿볼 수 있다. 커피를 마시려고 비싼 돈을 내며 그것을 담는 텀블러를 구입하는 현상, 게다가 하나가 아닌 여러 개를 사는 사람도 적지 않은 현상은 건강을 위해 비싼 유기농 식품을 사 먹는 현상과 분명 그 종류가 다르다.

텀블러가 '유행', 즉 '패션'이 되었다는 사실은 곧 이것이 환경친화적 기능을 지닌 도구라기보다는 기능성만으론 환원되지 않는 '기호'가 되었다는 말이기도 하다. 기능성의 차원에서만 보자면 텀블러의 원조는 1980년대까지만 해도 '마호병'이라고 불리던 '보온병'이라고 해야 할 것이다. 커피가 귀하던 시절에는 집 안이나 개인 상점에까지 다방 여직원이 커피를 배달하곤 했는데, 이때 커피잔과 함께 커피를 담아 들고 왔던 보온병이 마호병이었다. 일본말로 물이 식지 않는다 하여 '마법의 호리병'이라 불린 마호병은 발음이 와전되어 '마우병'이라고도 불렸고, 커피뿐 아니라 따뜻한 물을 편리하게 담고 휴대할 수 있는 보온병으로 널리 쓰였다.

그러나 기능적 차원에서 똑같음은 물론 심지어는 지금도 널리 사용되고 있는 마호병·보온병과 텀블러를 같다고 볼 수 있을까. 이 두 종류의 물건 사이에는 매우 결정적인 차이점이 있다. 우선 마호병·보온병은 기능성에만 충실한 도구다. 커피나 물을 따뜻하게 담아 휴대하는 물건이라는 것 외에는 이 일상용품에 더 이상 추가되는 의미가 없다. 다시 말해 그것은 '생필품'의 범주로 분류된다.

반면 텀블러 하면 가장 먼저 떠오르는 이미지는 '친환경' 혹은 '개인이 소유하는 잇템' '패션 아이템'이다. 전자인 보온병이 기능성에만 전적으로 충실하므로 '도구'가 되는 반면, 후자는 기능성이 오히려 약화되고 부가적 이미지에 보다 강하게 싸여 있으므로 다른 형태의 '사물'이 된다. 사르트르(Sartre)는 도구가 쓸모에서 일탈할 때(고장날 때) 비로소 '(낯선) 사물'이 된다고 했는데, 쓸모의 세계에 직접적으로 종속되어 있지 않고 그 자체가 다른 의미와 이미지를 갖게 된 이런 사물이야말로 기호학(記號學)의 관심이 되는 '기호'다.

텀블러가 보온병 같은 단순한 도구─생필품이 아니라 기호가 된 이유는 이 사물 역시 최근 거의 모든 유행 아이콘이 따르는 두 가지 공식을 좇았기 때문이다.

첫 번째 공식은 해당 사물의 명칭을 낯설고 새로운 것으로 대체하는 것이다. 어떤 사물이 도구로부터 이탈한다는 것은 그 사물을 부르는 명칭에서도 도구적 느낌을 거둬낸다는 것을 뜻한다. 다시 말해 사물의 이름 자체에서부터 그것이 '도구'라는 사실을 망각시켜야 한다는 것인데, 이를 위해서는 모호하거나 이국적이거나 아예 국적이 느껴지지 않는 명칭이 필수적이다. 서양 문화에 대해 상당한 콤플렉스가 있는 우리 사회에서는 동일한 사물의 이름을 외국어로 바꾸는 것만으로도 대단한 기호적 효과를 만들 수 있다. 그것의 쓸모가 무엇인가와는 상관없이 '서양' '현대'라는 이미지만으로도 본래의 쓸모를 충분히 대체할 수 있기 때문이다. 보온병보다 비싼 가격을 매길 수 있는 텀블러의 상품성 역시 이 쓸모의 이탈로부터 생겨난다.

두 번째 공식은 중장년 세대가 아닌 젊은 세대를 타깃으로 삼는 것이다. 우리 시대에서 늘 확인할 수 있는 것처럼, 유행하는 사물의 이미지는 그것을 누가 사용하는가에 따라 결정적으로 좌우된다. 노인 세대가 사용하면 마호병이나 보온병이 되지만 젊은 세대가 사용하면 텀블러가 되는 것처럼 말이다. 텀블러가 도구가 아닌 사물, 기호, 패션, 잇템이 된 까닭이다.

텀블러는 처음에는 도구로 탄생한 것이 어떻게 도구 아닌 것, 또는 도구 이상의 것이 되는지를 보여주는 흥미로운 사물이다. '텀블러'란 명칭만 차용한 인터넷 기반의 모금 플랫폼까지 등장한 현상은 도구가 사물의 물성과 분리됨으로써 독립적 기호가 된 단적인 예다. 패션, 잇템이 대체로 이 공식을 따른다는 점에서 텀블러는 우리 시대의 '패션 잇템'이라고 불릴 만하다.

#trunk

트렁크

'생활'을 굴리는

    지금은 가방으로 인식되는 트렁크라는 사물에 대한 문화사적 시각 중엔 이것이 본래 가구(furniture)였다고 보는 견해가 있다. 트렁크는 생활용품을 통째로 담아 삶의 근거지를 옮겨 가는 데 쓰는 도구이기 때문이다. 가구가 가방이 되었다는 것은 특정 지역에 붙박이로 살던 삶이 수시로 공간이 바뀌는 이동형 삶으로 변했다는 것을 뜻한다. 주의할 것은 이동형 삶이 늘 동일하게 여행자의 설렘을 담고 있는 것은 아니라는 사실이다.

    오늘날과 같은 모양의 사각 트렁크가 출현하는 데 결정적인 영향을 미친 인물은 가방의 장인 루이 뷔통(Louis Vuitton)이었다. 그가 등장했던 19세기에 트렁크는 새로운 생활의 근거지를 찾아 미지의 대륙으로 떠나는 이민자의 '가구'였다. 그러나 이 이민이 낭만적이었던 것만은 아니다. 덩치가 크고 이동이 가능한 형태의 짐은 곧 그것의 소유자가 거주지를 옮기는 중에 있음을 뜻했고, 각자 이동해야 하는 거리에 비례해서 그에 얽힌 사연도 다양했다. 이 시기 이민자들의 사연 중에는 제국주의 식민지 건설의 영향을 받은 것도 적지 않았다.

오늘날의 트렁크가 그 시절의 감각과 많이 달라진 사물인 것만은 분명하다. 어디론가 떠난다는 것은 과거보다 훨씬 쉽고 마음도 가벼우며 일반적인 일이 되었다. 지금은 누구나 트렁크를 끌고 공항으로 나갈 수 있는 시절이다. 배낭이 아닌 트렁크에 짐을 꽉 채웠다 하더라도 그 사연은 그리 비장하거나 비범할 이유가 없다. 그래서 오히려 트렁크는 큰 짐이지만 가벼운 짐이 되었다. 트렁크를 끌고 가는 장소는 더 이상 공항만이 아니다. 기차역에도 트렁크와 함께 움직이는 사람들은 많다. 그만큼 이 사물을 심리적으로 무겁게 여기지 않는다는 뜻이기도 하다.

언젠가 초등학생 아이들 사이에서 바퀴 있는 트렁크를 끌고 통학하는 게 유행이었던 적이 있다. 학교에 트렁크라니? 희한한 현상으로 주목받았던 그 일은 이 사물이 얼마나 가벼워졌는지를 짐작하게 한다. 그들에게 트렁크는 이민자의 가구도, 장거리 여행의 도구들을 담아두는 가방도 아니다. 그때 아이들의 표정에서 읽을 수 있었던 것

트렁크는 너무 익숙해진 일상의 도구들을 상자에 담아 '굴림'으로써
생활을 놀이로 전환하는 사물이다.

은 트렁크가 자신들의 손으로 직접 끌고 다닐 수 있는 바퀴 달린 가방 이상이 아니라는 사실이었다. 그 아이들에게 중요하고 재미있는 것은 가방이 아니라 '끌고 다니는 바퀴' 그 자체였다. 한마디로 트렁크는 아이들에게 있어 '굴렁쇠' 비슷한 사물이었던 것이다.

무소유를 강력하게 주장하는 여행의 고수들은 가벼운 배낭 하나 메고 훌쩍 떠나는 것이 최고의 여행술이라고 하지만, 그 안에 무엇을 얼마나 담느냐와 상관없이 트렁크에는 분명 나름의 묘한 유희성이 깃들어 있다. 아이들이 책을 담아 학교에 가면서도 이 사물을 끌며 즐거워하는 데서 짐작해볼 수 있듯, 그 유희성은 '바퀴' 달린 상자를 '끄는' 행위와 관련된 것이지 않을까. 그런 점에서 보면 불룩했던 가방을 쌓을 수 있는 납작한 사각형 가방−트렁크로 전환한 루이 뷔통도 트렁크의 외형적 발전에 기여한 바가 크지만, 아무래도 트렁크의 완성형은 바퀴가 달림으로써 가능해진 것이지 싶다. 어느 시인이 "나는 바퀴를 보면 굴리고 싶어진다"(황동규, 〈나는 바퀴를 보면 굴리고 싶어진다〉)라고 이야기한 것처럼, 트렁크의 화룡점정은 사각형에 비로소 바퀴가 달림으로써 그전까지 정지해 있던 생활에 운동성이 부여되는 순간이 아닐까.

어느 집에나 트렁크 하나 정도는 있다. 일상에 변화를 추구하고 싶다면 트렁크를 문 근처에 두어보자. 그 이미지 자체로 일상에 가벼운 율동감이 생기는 걸 확인할 수 있을 것이다. 이 풍경의 율동감 자체가 변화의 시작이고, 대체로 이런 율동감은 놀이하는 기분과 다르지 않다. 트렁크는 너무 익숙해서 지루하기 그지없는 일상의 도구들을 상자에 담아 '굴림'으로써 생활을 놀이로 전환해주는 사물이다.

티백

벗과 다도(茶道) 없는 차 가방

남도의 고찰 대흥사(大興寺)의 일지암(一枝庵)은 추사 김정희와 일지암의 암주 초의선사가 우정을 나누던 장소로 유명하다. 두 사람이 남긴 글에는 서로를 사모하는 사이라고 적혀 있다. 이 아름다운 정신의 교류는 '차(茶)'를 매개로 이루어졌다. 후세 사람들은 이 작은 암자를 조선 다도(茶道)의 성지라고 부른다.

차의 성지인 일지암에서 최근 암주 스님과 함께 차를 찻잔에 여러 번 우려 마시며 엉뚱한 생각을 했다. 추사와 초의가 만일 현대 도시인이었다면 하늘의 이치와 인간의 도리, 세상의 우여곡절에 관한 생각을 그렇게 깊이 나눌 수 있었을까. 깊고 그윽한 생각의 나눔에는 그런 나눔을 가능하게 하는 유장한 리듬이 필요하다. 차를 반복해서 우려내고, 여러 번 계속 찻잔에 따라 마시는 다도의 형식이 그런 유장한 만남의 리듬을 만들지 않았을까. 이 형식 덕에 명징한 두 의식이 대면하면서도 서로 날카로워지지 않고 그윽한 대면의 시간을 지속할 수 있었던 것은 아닐까. 만일 테이크아웃 커피전문점 시대에 그들이 만났더라도 그런 대화가 가능했을까?

티백은 차의 향기를 '테이크아웃'할 수 있게 만든 효율적인 사물이다. 차의 깊은 향기는 취하되 다도의 복잡성은 제거했다. 이 사물은 많은 다기(茶器)를 필요로 하지 않고, 차를 마시는 전통적 형식도 생략했으며, 어디에나 차를 들고 다니는 것을 가능하게 했다. 이 사물의 형태상 중요한 특질은 '거름망'이 있다는 것이다. 차는 본래 차나무의 '잎'이다. 갈린 커피콩과 달리 찻잎은 물에 녹지 않기 때문에 차를 마시려면 거름망이 있어야 한다. 티백은 차를 마시는 데 필요한 이 모든 내용을 압축하고 있다.

티백에는 종이 형태의 것도 있고 주머니 부분이 면 같은 직물로 고급스럽게 만들어진 형태의 것도 있다. 매끄러운 포장지를 뜯으면 잎을 담은 티백이 모습을 나타내고, 그것을 물에 담그면 잎이 흘러나오는 법 없이 향(香)만 딱 우러난다. 종이로 됐든 면으로 됐든 티백은 잘 찢어지지 않으며, 망이 허용하는 만큼만 부푼다. 찻잎과 다기를 동시에 담은 이 사물은 가벼우면서도 '(물 샐 틈이 아닌) 잎 샐 틈' 없이 꼼꼼하고 효율적인 '차 가방'이다. 이 가방은 차를 가볍게 들고 다니며 다른 누구 없이도 혼자의 시간을 즐기는 현대인의 라이프스타일에 특화되어 있다.

남도 여행에서 돌아온 뒤 도시 한 모퉁이 카페에 앉아 '차 가방'을 들고 혼자 차를 마신다. 이 사물 덕에 대화할 만한 벗이 없어도 차를 마시는 일이 자연스럽고 편리해졌지만, 그래서 또 한편으론 쓸쓸하기도 하다.

파티션

존재를 가르기

현대 자본주의가 본격적으로 만들어지던 19세기 미국의 경제 중심지 월가의 풍경을 다룬 허먼 멜빌(Herman Melville)의 소설 『필경사 바틀비(Bartleby the Scrivener)』는 사무실 '주인'인 변호사가 새로 고용된 필경사 바틀비의 자리를 배치해주는 장면으로 시작된다. 그 사무실에선 반투명 접이문을 중심으로 변호사의 자리와 직원들의 자리가 나뉘는데, 이 문을 열고 변호사가 있는 쪽 공간으로 들어갈 수 있는 권리는 변호사만이 갖고 있다. 바틀비가 고용되던 그날의 풍경은 다음과 같이 묘사된다.

사무실은 젖빛유리 접이문을 사이에 두고 둘로 나뉘어 있었다. 한쪽은 필경사들이 사용했고 다른 한쪽은 내가 사용했다. 나는 기분에 따라 접문을 활짝 열어놓거나 닫아놓았다. 바틀비에게는 접이문 옆 구석 자리를 주기로 결정했다. 내가 있는 쪽이었다. 자잘하게 해야 할 일을 생각해서 쉽게 부를 수 있는 곳에 이 조용한 청년을 두고자 함이었다. (중략) 나는 조금 더 만족스러운 배치를 위해 높은 초록색 칸막이를 구했다. 그러면 바틀비가 내 시야에서 완전히 벗어나 있으면서도 내가 부르는 소리를 들을 수 있으리라는 생각이었다. 그렇게 해서 어느 정도 프라이버시와 사회성이 함께 어우러졌다.

(허먼 멜빌, 『필경사 바틀비』, 공진호 옮김, 문학동네, 2011, 26~27쪽.)

이 풍경에서 우리는 하나의 사무실을 이질적인 것으로 가르는 공간 구획용 도구로서의 두 가지 사물을 본다. 접이문과 초록색 칸막이다. 접이문이든 칸막이든 하나의 공간을 가르는 용도로 쓰인다는 점에서 그것은 둘 다 '파티션'이다. 이 소설에서 파티션은 전통적 계급 사회가 해체되고 당시 평등한 기회의 땅이라 불리던 미국에서 다시 생겨난 새로운 계급 사회의 출현을 공간적으로 보여준다. 전통적 신분제가 해체된 뒤의 구획은 '돈'을 중심으로 나뉜다. 접이문을 열고 저쪽 공간으로 갈 수 있는 권리는 '주인'인 변호사에게만 있으며, 변호사는 사람의 '쓸모'를 기준으로 파티션을 치고 그들을 적절히 배치한다.

파티션은 말 그대로 '나누는' 사물이다. 건물의 파티션이 구조적으로 벽을 통해 이루어진다면, 파티션은 임의적 칸막이를 통해 공간을 필요에 따라 나누고 다시 해체하며 변형도 가능한 '임시 벽'이다. 전통 사회에서 파티션은 이미 건물의 구조로 작용함으로써 사회적 존재를 나눈다. 한 공간 안에 서로 다른 신분이 존재하는 일은 그 자체로 불가능하다. 반면 현대 사회는 신분제가 해체된 사회이므로 파티션이 존재한다면 그것은 기능적인 요소여야 한다. 그럼에도 여전히 해체되지 않는 사회적 서열, 그것을 멜빌의 소설은 파티션을 통한 구획과 배치를 통해 상징적으로 드러낸다. 업무-기능적 요소는 인간끼리의 협력과 유대를 전제로 한 유기성을 촉진하는 것이 아니라, 또 다른 형태의 지시와 감시와 관리라는 목적을 위해 존재한다.

바틀비의 사무실에서 파티션은 "프라이버시와 사회성이 함께 어우러"지는 사물이다. 노동효율성과 위계·서열의 차원이 사회성의 영역이라면, "내 시야에서 완전히 벗어나" 있는 것은 프라이버시의 영역에 해당한다. 일상에서 접하는 많은 종류의 파티션은 나의 공간과 타인의 공간을 분리함으로써 임시적으로나마 타인이 침범할 수 없는 배타적 영역을 표시한다. 지금은 거의 사라졌지만 1990년대 이전 한국 사회에서의 카페나 레스토랑은 파티션을 통해 이 경계를 엄격히 표시했고, 이 경계가 나뉜 곳에서 프라이버시는 '은밀성'의 영역이 펼쳐지는 형태로 나타나기도 했다. 공공장소에 설치된 가벼운 임시벽임에도 이를 기준 삼아 일단 나뉜 영역은 그 자체로 그 공간을 차지한 개인들에게 기묘한 해방감을 불러일으켰던 것이다.

어느 순간 카페를 비롯하여 사람들이 함께 모이는 공공장소에서 사라진 파티션은 이런 점에서 종래의 것과는 다른 방식의 감각이 도래했음을 뜻한다. 글로벌 기업이라 불리는 외국계 회사들이 주도하는 공간 디자인에서 파티션을 없애는 것은 대세가 되었다. 이러한 현상은 프라이버시 영역의 허물기가 시작되었음을 뜻하는 걸까. 표면으로 보면 이것은 확실히 소통의 욕구, 개방성에 대한 감각 확장과 관련된 것처럼 느껴진다. 그러나 이와 관련한 일상 감각을 좀 더 예민하게 살펴보면 공용 공간 디자인에서의 파티션 개방은 이미 완강하게 존재하는 프라이버시 영역의 존재를 역설적으로 증명하는 것일 수도 있다. 가시적이고 물리적으로 배타적 구획을 나누지 않아도 생체 감각이 이제는 어떤 개인주의적인 지각 체계로 변화했기 때문이다. 예전 시대에는 물리적 파티션이 실제로 공간에 존재해야 자기들만의 대화를 할 수 있었지만, 이제는 테이블이 바싹 옆으로 붙어도 타인의 소리가 내 대화에 영향을 미치지 않게 하는 '벽-귀'를 갖게 된 것이다. 물리적 파티션이 존재했던 때보다 이제는 타인의 시선을 의식하지 않으면서 공공장소에서도 자연스러운 대화는 물론 때로 사사로운 행위까지 과감하게 하는 이들이 많아진 이유도 그 때문이다. 더불어 오히려 '백색 소음'의 효율성을 즐기기 위해 도서관이 아닌 카페에서 공부나 일을 하는 현상은 아이러니한 방식으로 생체 감각에 새겨진 사적 영역의 완강함을 확인하게 한다. 신체가 외부 환경과 교섭하는 측면에서도 개인 영역은 감각적 차원에서 확실하게 '코딩'되어 있기 때문에 외부 소음에 굳이 방어적인 태세를 취할 필요가 없는 것이다. 그러므로 몸은 오히려 소음을 즐긴다.

이런 걸 보면 동양에서의 파티션은 서양의 그것과 크게 다름을 비로소 알게 된다. 사실 동양에도 파티션은 있었다. 그것도 아주 오래전부터. '병풍'이 바로 그 사물이다. 서양의 소음이 사회적이거나 프라이버시를 구분하는 파티션으로서 기능했다면, 동양의 파티션은 그에 비해 형이상학적 사물에 가까웠다. 병풍이 벽을 배경으로 치는 사물이자 그 위에 시와 더불어 산수화(山水畵)나 화조도(花鳥圖), 사군자(四君子)를 넣은 화첩이었다는 사실은 이 차이를 잘 보여준다. 이 동양의 파티션은 사람을 가르는 것이 아니라 이미 지어진 구조물로서 벽 앞에 또 다른 세계를 펼쳐놓는다. 이상적인 것이 됐든 이념적인 것이 됐든, 현실 세계에 전혀 다른 관념의 세계를 들여놓는 사물이라는 점에서 병풍은 가르기나 나누기보다는 그 자체로 하나의 완결되고 총체적인 세계를 '더하는' 사물이다. 그렇기에 병풍이라는 파티션은 서양의 파티션이 지닌 형이하학적 성격과는 반대로 형이상학적인 사물인 것이다.

이 형이상학과 관련하여 나는 어릴 때 병풍이라는 파티션이 무엇인지 단적으로 보여주는 일을 생생한 느낌으로 겪은 적이 있다. 우리 집에 모시고 살던 할머니가 돌아가시자 집에서 장례를 치렀는데, 그때 제일 먼저 한 것이 할머니의 주검을 관에 넣은 뒤 방 안에 모시고 그 앞에 병풍을 치는 일이었다. 병풍을 사이에 두고 할머니의 주검과 어린 나는 사흘을 집 안에서 함께 지냈다. 그때 나는 할머니의 몸과 나 사이에 있는 병풍이 '우리'를 나누는 사물이 아니라는 놀라운 사실을 체험했다. 병풍을 치자 그 뒤로 죽음의 영역이 나타났는데, 내게 있어 그것은 삶과 분리된 것이 아니라 늘 우리와 함께 있었던 세계로 자연스럽게 인식되었고, 그래서 나는 죽은 할머니의 몸과 있어도 무섭지 않았다. 하지만 이 공존을 환기하기 위해서라도 이 두 영역의 경계는 일단 나뉘어야만 한다. '공존'이라는 말을 쓰려면 일단 '두 개'의 세계가 필요하기 때문이다.

동양의 파티션인 병풍은 삶과 죽음을 분리하는 사물이 아니라 삶 곁에 늘 존재했던 죽음의 영역을 더하고 공존시키는 형이상학적 파티션이다.

포스기

나는 네게 애인이 있다는 사실을 알고 있다

대학촌 원룸에서 자취하는 여대생인 당신이 신춘문예에 당선됐다. 대학방송국에서 인터뷰를 위해 현재 당신을 가장 잘 말해줄 수 있는 이를 추천해달라고 요청한다면? 물론 누구를 추천하건 상관없다. 문제는 그 사람이 얼마나 당신을 정확히 알고 있느냐니까. 이를 확인하기 위해 당신 신상에 관한 체크리스트 하나를 만들어보자.

1. 주식(主食) 외에 당신이 주로 먹는 음식은 탄수화물, 단백질, 지방 중 어떤 유의 것인가.
2. 당신은 일주일에 평균적으로 몇 리터의 물을 마시는가.

3. 당신 방의 크기는 대략 얼마인가.

4. 당신은 애인이 있는가, 없는가.

5. 당신의 생리주기는 지난 1년간 얼마나 불규칙했나.

6. 당신이 선호하는 음료수 브랜드는 무엇인가.

7. 당신은 야행성인가, 아니면 아침형 인간인가.

8. 당신에게는 숨겨진 민족주의 성향이 있는가.

당신이 추천한 지인은 당신에 대해 이 정도를 알고 있을까. 아니, 당신 자신은 이 체크리스트의 항목들에 얼마나 정확히 대답할 수 있을까. 어쩌면 당신은 이걸 다 안다는 것이 불가능하다고 말할지도 모른다.

그런데 사람이 아니라 기계라면 이런 항목들을 몽땅 파악하는 것은 사실 '기술적으로' 어려운 일이 아니다. 굳이 빅데이터까지 들먹일 필요도 없이 그저 바코드 인식기가 붙어 있는 편의점 포스기만 살펴도 되니까. 만일 개인 신상의 보호에 관한 법률만 무시한다면, 또 당신이 주로 사용하는 신용카드 번호만 안다면, 게다가 당신이 그 가게의 멤버십에 가입까지 되어 있다면 이 체크리스트에 대한 대부분의 답은 이 간단한 사물을 통해서도 쉽게 확인 가능하다.

지난 1년간 당신이 사 먹은 것들, 예를 들자면 생수라든가 음료수 브랜드라든가 과자나 과일, 그게 당신이 선호하는 음식이고 당신의

포스기는 나 자신보다도, 엄마보다도
나를 더 잘 아는 은밀한 사물이다.

입맛이다. 구입한 쓰레기봉투의 용량과 주기를 알면 당신 방에서 나온 쓰레기의 양과 비례하여 당신 방의 크기도 대략 짐작할 수 있다. '혼밥'하기에 적절한 식품들을 주로 구입한다면 당신이 자취생이라는 점도 쉽게 알겠지만, 어느 날부터 주기적으로 콘돔을 구입했다면 그것은 당신에게도 애인이 생겼다는 증거일 수 있다. 생리대를 샀던 날을 체크하면 당신의 엄마도 모르는 생리주기까지 알 수 있다. 때로는 그즈음에 생리 불순이 있었다는 사실도. 신용카드 결제가 주로 새벽에 정기적으로 이루어졌다면 당신은 야행성이다. 어쩌면 당신에겐 밤에 하는 알바가 있을지도 모른다. 당신이 구입한 담배가 늘 전매청 제품에만 한정되어 있다면 개방 사회에서 당신은 어쩌면 자신도 모르는 '민족주의' 성향을 지닌 사람일지도.

편의점 포스기는 지난여름 당신이 영위했던 생활 패턴을 알고 있다.

*이 꼭지의 모티프와 서사는 김애란의 소설 「나는 편의점에 간다」에서 가져왔음을 밝힙니다.

핫바디

몸이라는 머스트 해브 아이템

'핫바디(hot body)'는 최근 가장 핫한 인터넷 검색어 중 하나였다. 이 단어를 입력하면 맨살이 많이 드러난 여성들의 '몸' 사진이 거의 검색된다. 여자 연예인들이 주를 이루지만 헬스클럽에서 찍은 일반인의 사진도 드문드문 끼어 있다. 핫바디라고 불리려면 일정 수준 이상의 요소를 갖춰야 한다. 날씬하고 예쁘다고 모두 핫바디로 불릴 수 있는 게 아니다.

핫바디의 특징은 '들어갈 데는 들어가고 나올 때는 나온 몸'으로 요약될 수 있다. 신체 부위마다 굴곡이 크고 부위와 부위 사이의 부피 차이도 커서 드라마틱할수록 열광적인, 즉 '핫한' 바디가 된다. 근래 최고의 핫바디로 부동의 검색어 1위에 등극한 한 연예인의 가슴은 도드라지게 크지만, 상체에서 아래로 이어진 복부는 비현실적으로 잘록하며, 다시 그 복부에서 아래로 이어진 엉덩이의 윤곽은 항아리같이 단단하고 부풀어 있다. '애플힙' '항아리 골반' '풍만한 가슴' 등 핫바디에 따라오는 신체 특징들은 몸의 부피감과 밀도 등을 유난히 강조하는데, 이는 핫바디가 인성(人性)과 같은 사람의 특징이 아니라 '사물'의 물성(物性)을 강조하는 개념이라는 뜻이다.

'핫(hot)'은 '뜨겁다'는 말이다. 이 '핫'이 어떤 명사의 앞에 수식어로 결합한 표현은 곧 그 명사에 해당하는 무언가가 하도 매혹적이어서 그 열기를 거부하기 어려울 정도임을 뜻한다. 정신분석에서는 매혹을 '욕망'이라고 표현한다. 그 이론에 따르면 욕망은 어떤 특정한 대상과 나를 일치시키는 동일시의 효과인데, 이 동일시는 착각이라고 한다. 매혹은 대상을 그 순간 완벽한 충족의 대상으로 오인하는 과잉 인식에서 비롯된다는 것이다. 이런 과잉 인식에는 개인의 인식뿐 아니라 한 시대의 특수한 욕망이나 인식 체계도 깊숙이 결부되어 있다. 이 인식이 착각이었다는 사실은 열광적인 매혹조차 언젠가는 반드시 시들해진다는 사실을 통해 이후에 확인된다.

언제부턴가 패션 잡지나 방송 프로그램 등에서는 유행 상품을 '핫아이템' '머스트 해브 아이템(must have item)'이란 말로 쓰기 시작했다. 핫아이템과 비슷한 유형인 '핫바디'라는 표현은, 갖고 싶고 사고 싶은 아이템의 끝판왕이 '바디(body)', 몸이라는 사실을 보여준다. 이러한 현상은 상품 사회인 자본주의 사회에서 늘 있어왔던 것처럼 보이지만 사실 의미심장한 무의식의 변화를 담고 있다. 패션 상품으로서의 핫아이템은 본래 '몸(바디)'을 치장하기 '위한' 사물이었으나, '핫바디'는 몸 자체를 사물의 자리에 놓는 무의식을 보여주기 때문이다. (인공)사물은 결국 '도구'다. 그렇다면 머스트 해브 아이템이자 핫아이템인 핫바디는 몸 자체가 사물이며 도구라는 사실에 대한 노골적인 인증을 이제 이 시대의 누구나 받아들이고 오히려 열망하게 되었음을 표현하는 말이 아닌가.

신분제 사회에서 '몸을 판다'는 표현은 그가 '노예' 혹은 '창부(娼婦)'라는 뜻으로 사용되었다. '몸을 파는 인간'은 곧 인간의 가장 치욕적인 존재 상황을 요약하는 말, 그와 반대로 '몸을 산다'는 것은 윤리적 타락의 함의를 가진 말이었다. 그러나 핫바디는 치명적인 구매욕을 불러일으키는 머스트 해브 아이템이다. '바디'는 제작하고 변형하고 전시하며 홍보하고 사고파는 사물이다. 이 사물의 대대적이고 노골적인 유행은 제 몸을 '재료'로 해서 누구든 제작·홍보·마케팅이 가능하며, 제 몸 하나로 인생대박이 가능할 수도 있는 1인기업 시대의 도래가 거스를 수 없는 문명의 대세임을 확실히 알려준다. 휴머니즘의 시대가 완벽히 종말을 고했다는 말이다. 기계는 생명을 얻는 반면, '생명-인간'은 기계처럼 사물화된다.

핫팬츠

청춘의 패션은 무엇으로 만들어지는가

여름은 '청춘의 계절'이다. 여름의 더위에서는 높은 물리적 온도뿐 아니라 청춘 특유의 감각적 열정과 자유가 감지되기 때문이리라.

청춘의 정열은 도전, 패기, 저항, 사랑 같은 항목들, 즉 '청년 정신' 과 관련이 있다. 실패를 두려워하지 않는 용기, 다시 시작할 수 있는 패기, 원칙에 어긋나는 일에 '노(No)'라고 말할 수 있는 비타협성과 정의감, 위험에 처한 타인과 공동체를 도우려는 의협심, 결과를 확신할 순 없지만 가치를 위해 투신하는 이상주의가 모두 여기에 속한다. 외부의 물리적 압력이나 권위에 굴복하지 않고 자기를 내세우려는 주체성이 본능적으로 그 안에 살아 있기도 하다. 상대적으로 돈

이나 권력에 훨씬 더 의존적인 성향을 보이는 기성세대에 비해 청춘
은 제 한 몸만으로도 당당하다.

　여름이 시각적으로 청춘들의 '노출 패션'으로 드러나는 현상은 그
런 면에서 패션 현상 이상의 의미를 지닌다. 노출은 발산적 에너지,
적극적인 주체성, 자기긍정의 한 표현이기도 하다. 신체 노출은 자기
몸 이외의 어떤 것에도 기대지 않는 젊은 육체들의 당당함과도 관련
이 있다. 이 발산적·긍정적 육체에서 감지되는 열정적인 유희성 역시
청춘의 특권이다.

　계절을 가리지 않는 초미니스커트가 유행이 된 지는 오래다. 미니
스커트는 최초로 등장했을 때 무릎 위까지 오는 길이로 센세이션을
불러일으켰지만 이제는 더 이상 짧을 수 없을 만큼 짧아졌다. 그래
도 미니스커트 길이는 한계가 명확하다. 적어도 속옷이 외부에 노출
되지 않는 지점이 한계선이기 때문이다.

　그러나 이제 여름의 여성용 하의 패션에선 핫팬츠가 대세를 이룬
다. 속옷이 보이지 않아야 한다는 미니스커트의 강박을 여름 핫팬츠
는 간단히 해결한다. 핫팬츠를 '속옷'으로, 또는 속옷을 핫팬츠로 만
드는 방법을 통해서 말이다. 겉과 속, 안과 밖의 차이를 없애버리는
일. 핫팬츠는 속옷을 거리로 개방하고 일상의 햇살 아래에 직접 드
러낸다. 대세가 된 핫팬츠는 '은밀한 영역'이 사라진 시대를 표상하
는 패션 아이콘이다.

이 사물은 노출을 순전한 청춘이나 개인 주체성의 영토로 보는 순진함을 비웃기도 한다. 대중미디어를 장악한 걸그룹의 핫팬츠처럼, 여름 거리의 핫팬츠에는 시대의 관음증과 물신성, 불황의 경제학과 청춘의 해방감 같은 복잡한 사회적 무의식들이 교차한다. 3포세대, 5포세대, N포세대 청춘의 핫팬츠에는 그것을 입고 있는 사람도 모르는 타자가 깊숙이 침투해 있다.

향

———

두 세계를 잇는 나무

　가까운 친지와 지인들의 부고가 계속 들리는 시기다. 천수(天壽)를 누리다 자연스럽게 호흡이 멈춘 이도 있으나 개중에는 불의의 사고나 느닷없는 죽음으로 세상을 뜬 이도 있다. 든 자리는 모르지만 난 자리는 안다고, 모든 죽음은 존재를 인식하게 하는 힘을 가지고 있다. 죽은 자는 산 자의 세계에 구멍을 낸다. '없음'은 '있음'을 드러내고, 존재는 부재(不在)를 통해 임재한다.

　갑작스러운 부고를 전화나 문자메시지로 받고 고인을 만나러 가는 길은 경황이 없다. 황망 중에 실감이 없던 죽음은 처음엔 먹먹하게 느껴지지만 장례식장에 도착할 무렵이면 급격한 두려움으로 바뀐다. 이것이 진짜인가. 비현실적인 느낌이 현실로 바뀌는, 부재를 현실로 확인하는 순간이 온 것이다.

기이한 것은 영정을 마주하는 순간에 우리가 갖게 되는 대단한 절제력이다. 고인의 사진을 마주하면서 우리는 통곡하는 대신 엄숙해지며, 비장한 얼굴로 절이나 묵념을 한다. 갑작스러운 죽음이 가진 폭발력, 허약하기 이를 데 없는 심리적 동선의 불안정성을 생각할 때 우리가 그 순간 발휘하는 절제력은 놀라운 것이 아닐 수 없다. 혹시 이 절제력은 우리 자신의 순전한 통제력이 아니라 특정 사물의 힘에 크게 의지하기 때문에 가능한 것은 아닐까. 만일 그렇다면 이 절제력에 가장 큰 영향을 주는 사물은 무엇일까.

모든 장례식장에는 고유한 냄새가 있다. 바로 '향내'다. 장례식장에 들어서면 우리는 영정을 마주하기 전에 이미 그곳이 순전한 산자의 세계가 아님을 향내로 바로 알게 된다. 후각은 오감 중 가장 예민하고 오래가는 감각이다. 향내는 독하지 않지만 부드러운 알싸함을 통해 한 세계 곁에 다른 세계가 열렸으며, 이곳이 그 경계임을 환기한다. 향내는 두 세계를 단절시키는 것이 아니라 중계한다.

영정 앞에서 아주 가느다란 녹색 몸통의 머리에 붙은 작은 불씨가 연기를 피워 올리는 것을 본다. 이 광경은 존재의 목숨이 그저 끝나는 것이 아니라 다른 곳으로 이어진, 어쩌면 이곳의 물질적 조건인 육신을 벗어나 '본래' 의 세계로 돌아감을 암시하는 것은 아닌가.

'향'은 땅과 하늘, 이승과 저승을 잇는 탁월한 제의적 나무다.

'향'은 땅과 하늘, 이승과 저승을 잇는 탁월한 제의적 나무다. 이 가느다란 녹색 나무는 이승의 현 시간에 다른 시간을 열고 이 공간을 다른 공간으로 구획한다. 나무는 작은 불씨와 더불어 머리를 태우고 있지만, 타서 사라지는 것이 아니라 연기로 화해 다른 세계로 올라가며, 고유의 냄새를 통해 여기 남은 이들의 몸에 배어 있다. 망자의 냄새, 망자의 기운이다. 이런 제의적 사물을 통해 월명사의 〈제망매가〉처럼 우리는 '도를 닦으며 다시 만날 또 다른 생을 기다릴 수' 있는 계기를 갖게 되는 것이다.

헤어드라이어

도시인의 순풍

계절의 변화가 찾아올 무렵의 바람은 얄궂다. 대체로 바람은 봄에서 여름으로보다는 겨울에서 봄으로 옮겨가는 극적인 환절기에 더 변덕스럽다. 꽃샘추위가 찾아올 때면 바람의 세기나 방향은 시시때 때로 바뀌고, 오늘과 내일이 느닷없어 예측하기 어렵다. 아마 바람이 잔잔해지는 무렵이 되어서야 학교 담장 밑은 유치원 아이들이 외치는 함성 같은 개나리로 만개할 것이다. 사랑의 허무를 상기시키는 벚꽃의 분홍색 그늘 밑을 도시인들이 걷고 있을 시간에도 바람은 그렇게 불고 있을 것이다.

도시의 바람은 웬만해서는 순풍으로 잘 느껴지지 않는다. 도시는 인공의 마천루를 쌓아 올리며 땅을 인간의, 아니 더 정확히는 부동산 소유주의 필요 방식에 따라 깎고 쌓고 포장한다. 도시는 여러 다른 목적들로 존재하는 사물과 다른 방향으로 걷는 사람들, 다른 이유로 세워진 집들의 우연하고 복잡한 콜라주다. 그래서 도시 내부를 횡단하는 바람 또한 한 덩어리의 자연스러운 것이라기보다는 인공적 지형 요소들에 의해 절삭되고 교란되고 굴절되며 조각나고 파편적으로 재조합된다. 도시의 바람은 자연스럽기보다는 신경증적이다.

도시의 가장 '자연스러운 바람'은 어디에서 어떻게 불까. 엉뚱하게도 머리를 감은 후 헤어드라이어로 머리를 말리다가 이런 생각을 하게 됐다. 자연에서는 자연의 것이, 인공적인 세계에서는 인공적인 것이 '자연스러운' 게 아닐까. 키치는 자연에 어쭙잖은 인공이 들어설 때, 인공에 어설픈 자연을 가장하여 결합할 때 발생한다. 그런 점에서 생각해보면 '헤어드라이어'는 도시의 일상에서 도시인에게 가장 '자연스러운' 바람일 수도 있겠다.

인공(人工)은 사람의 손길이 더해져 자연이 변형된 것을 뜻한다. 인공은 계절의 변화처럼 자연의 시간을 타지 않을 수 있으며, 자연 지형을 극복할 수 있고, 가용한 목적을 위해 필요 시 늘 동원할 수 있다는 임의성을 가진다. 헤어드라이어가 생산하는 바람은 자연에서 그것이 발생하는 데 최소한도로 필요한 일정 공간이나 지형을 요구하지 않는다. 고기압이나 저기압 따위의 기압차나 기압골이 없어도 헤어드라이어의 바람은 작은 욕실의 작은 공간에서 바로 생성된다. 인공적이지만 도시적으로 '자연스러운' 이 사물로부터 나오는 바람의 가장 큰 특징은 매우 시끄럽다는 것이다. 그럼에도 도시인의 젖은 머리칼에 이 사물의 바람은 이젠 거의 필수적이다. 헤어드라이어가 망가져 대충 수건으로만 머리를 말리고 나선 출근길, 헤어드라이어를 챙기지 않은 패셔니스타의 여행길만큼이나 외모에 소심해지게끔 만드는 상황도 별로 없지 않은가.

도시인에게는 도시인의 순풍, 도시인의 자연이 따로 있다. 우리가 살고 있는 시대가 무엇인지, 현대인이 누구인지를 어떤 이보다도 일찌감치 파악했던 시인 보들레르(Baudelaire)는 이미 19세기에 인간들의 낙원이 이제 인공적인 것에 있음을 직관했다. 이런 직관은 도시에 키치가 나타나는 한 가지 이유를 알게도 한다. 더 이상은 도시에 자연스럽지 않은 '자연'을 자연스러움으로 가장하여 우겨넣으려 할 때, 그것은 키치가 된다.

#fluorescent light
형광등

무드 없는 빛

20세기 이후 인간의 밤에 인공 태양 노릇을 해온 형광등은 '밝혀졌다'는 뜻의 '문명(文明)'을 실현시키는 사물이다. 형광등은 백열등에 비해 열효율이 월등히 높다. 그렇기에 우리의 생활 공간에서 형광등은 '매우 환한' 빛을 필요로 하는 곳에 설치된다. 이 사물의 빛은 매우 기능적인 것이란 뜻이다. 형광등은 분위기, 즉 '무드(mood)'를 위한 조명으로는 잘 사용되지 않는다. 왜일까?

'매우 환한 빛'은 그 아래 놓인 사물들을 노골적으로 비추는 빛이다. 그 빛은 사물을 적나라하게 발가벗긴다. 그러나 목욕탕의 신체에서 '감흥'이 일어나는 경우를 보았는가. 이것은 감흥이 은밀성에 수

반되는 유혹 같은 것에 의해 일어나는 심리적 현상이기 때문이 아니라, 낱낱이 발가벗겨진 사물들에서는 오히려 존재의 핵심이 보이지 않기 때문이다.

사람들은 '무드 잡는다'는 말을 가볍게 사용하지만, 철학자 하이데거(Heidegger)는 무드를 '존재가 본질을 알려오는 진실의 시간'이라고 이해했다. 이때 존재의 참모습은 속속들이 밝혀지는 게 아니라 늘 그것의 부분을 가리는 어둠을 동반하고 나타난다. 흔히 연애할 때 '무드'가 필요하다고 상투적으로 말하곤 하는데 이는 아주 근거 없는 소리가 아니다. 무드를 통해 상대의 보이지 않았던 참모습이 드러나고, 그것을 발견하는 순간 거기에 매료되기 때문이다. 무드는 감정적 홀릭(holic)이 아닌 존재론적 순간이다. 환한 땡볕 아래에서 연인의 피부 땀구멍까지 낱낱이 본다 하여 그 사람의 핵심을 알게 되거나 무드가 생겨나는 것이 아니다. 존재의 핵심은, 또 무드는, 가려진 부분을 동반해야 나타난다.

스캔들이란 어떤 사태가 익명의 시선들에게 '백일하에', 다시 말해 '환하게' 드러난 것을 말한다. 사태는 발가벗겨진다. 익명의 시선들은 표면에만 노출된 그것을 보면서 자신들이 전모를 파악하고 있다고 착각한다. 그러나 샅샅이 까발려진 스캔들은 초점도 없고 맥락도 없으므로 사태의 진실을 오히려 왜곡하고 가린다. 음영이 없고 높낮이가 없는 백일하의 평면은 맥락을 구성하지 못한다. 그것은 등고선 없는 평면도가 3차원의 입체성을 구현하지 못하는 것과 비슷하다.

'모든 것'을 보는 시선은 역설적으로 아무것도 못 보는 시선이다. 시의 비유가 이에 대한 이해를 도울 수 있을까. 좋은 시의 특징은 사물의 전체가 아니라 핵심적인 '최소'를 본다. 수술대에 놓인 몸에서 수술 부위 단 하나만을 남기고 나머지 전부를 천으로 가리는 외과 의사처럼. 사실 '전체'를 볼 수 있다는 그 생각 자체가 얼마나 허구적인 것인가.

'시점'은 '하나의 눈(초점)'을 갖는다는 뜻인데, 어떤 경우 단 하나의 정확한 시점은 인간의 한계이자 진실에 정직하게 도달할 수 있는 최대의 가능성이 되기도 한다. 전체를 훤히 밝히는 형광등은 이런 면에서 '시점이 없는 밝음'과 관계된 사물이라고 할 수 있지 않을까.

최근 나는 인공지능 시대의 사물들에 대해 생각하면서, 인간과 인공지능 사이의 '차이'가 사라지는 시점을 '어둠'을 가지고 생각해보기도 했다. 보이지 않는 어둠을 인공지능은 어떻게 해석할까. 적어도 인간의 특이성은 보이지 않는 어둠을 '무'로 인식하는 것이 아니라 오히려 '진정한 존재'의 원천으로 생각한다는 데 있다. 진리, 예술, 신(神)이 모두 이러한 인간 특성에서 탄생했다.

화분

—

도시 농부

    어느 학교의 건축학과 수업을 참관한 적이 있다. 한 학기를 마무리하면서 학생들이 팀을 이뤄 한 동네를 공동 탐구한 결과를 발표하는 수업이었다. 그날 인상적이었던 것은 그 동네에 있는 화분들을 찾아다니며 관찰한 어느 팀의 발표 내용이었다.

    팀원들은 동네 집집마다 찾아다니며 그 집에 있는 화분의 종류와 그것이 놓인 자리, 개수와 배치 방식 등을 일일이 살폈다고 한다. 그 팀이 제출한 사진 자료 속의 화분들은 마당 있는 집, 옥상이 있는 집, 빌라 베란다, 문 앞, 동네 어귀, 상점, 길가 등에 놓여 있었고 재질과 모양은 물론 놓인 방식들도 다양했다. 또한 화분에 담긴 식물들도 제각기 달라서 여러 종류의 꽃, 작은 열매가 달린 나무, 배추 같은 채소, 무성한 잎사귀를 자랑하거나 난처럼 단아한 품새를 뽐내는 화초 등 그 종류가 실로 다채로웠다.

하지만 내가 새삼 놀란 것은 그 식물들의 다양함 자체가 아니라 큰 집이든 작은 집이든, 마당 있는 집이든 옥탑방이든, 실내나 실외 공간에 화분 하나 없는 집이 거의 없다는 사실이었다. 화분은 의식주와 직접 관련된 생존 필수품이 아님에도 거의 모든 집에 빠지지 않고 존재하는 사물이었던 것이다. 그렇다면 조금 과장해서, '화분 놓을 자리'는 집 내부 공간을 디자인할 때 반드시 고려해야 할 건축적 요소의 하나라고 할 수도 있지 않을까. 그러나 여기에는 단서가 붙는다. 농촌에 짓는 집은 예외일 수 있다는 것. 도시에 비해 농촌에는 화분을 들여놓는 집들이 많지 않기 때문이다.

나는 이런 관찰이 현대적 삶의 풍경에 대한 하나의 아이러니를 드러내는 것은 아닌가 생각해본다. 꽃과 식물이라는 자연의 것을 담고 있긴 하지만 정작 화분 자체는 지극히 도시적인 사물이라는 아이러니 말이다.

'화분이 도시적 사물이라고?' 하는 의문이 든다면 이렇게 한번 생각해보자. 도시인들은 화분에 꽃을 심음으로써 '자연'을 제 집 안으로 들이려 안간힘을 쓰는데, 그 화분을 정말 '자연'이라 할 수 있을까. 어쩌면 그건 이미 도시적 삶의 보충재로서 변형된 인공물의 일종일지도 모른다. 도시의 건물 위에 일구는 작은 '텃밭' 같은 경우도 이와 마찬가지일 것이다. 그 텃밭 역시 도시인의 맘을 잠깐이나마 전원으로 옮겨놓음으로써 그들의 마음에 순간적으로나마 전원생활의 운치를 선물해줄 수는 있겠지만 말이다. 집 안의 화분이나 옥상 텃밭에 특별한 불만이 있는 것은 아니지만, 이 일시적인 자족적 삶에서 한 발 더 나아갈 수는 없는지 생각해볼 수는 없을까.

최근에 많이 방송되는 광고 카피 중 '도시 농부'라는 것이 있다. 그 문구가 자연을 잃어버린 도시인들의 마음을 잠시 설레게 만들 수는 있겠다. 하지만 농부가 된다는 것은 그리 쉬운 일일 수 없고, 실제 농부의 삶은 그렇게 낭만적이지도 않다. 생태적 삶으로의 진정한 전환은 현대적 삶의 구조를 총체적으로 살피고 총력을 다해 노력한다 해도 겨우 될까 말까 한 어려운 일임을 알아야 한다. 모든 종류의 일에서 진정한 프레임 전환은 '흉내'로는 절대 일어나지 않는다.

확성기

귀 없이 혀만

    고대 그리스 철학자 프로타고라스(Protagoras)는 '자기 생각'에 관한 탁월한 전달자였다. 생각을 말로 옮겨내는 뛰어난 논리력을 바탕으로 그는 서양 지성사의 가장 빛나던 한 시기에 '변호사들의 교사'로 공인받는다. 그런데 어느 날 그 앞에 갑자기 한 사람이 나타나 괴팍한 질문 하나를 던졌고, 그것을 시작으로 이런 방식의 대화가 이어졌다.

    소크라테스: 당신이 지금 주장하는 '사람은 만물의 척도'란 무슨 뜻입
        니까?
    프로타고라스: 우리가 사는 세계는 사람들의 세계지요. 우리는 자기

기준으로 세계를 이해하고 있을 뿐입니다.

소크라테스: 세상에 보편적 기준은 없다는 말이군요.

프로타고라스: 그렇습니다. 각자 기준이 다르니 진리는 상대적인 것이
지요.

소크라테스: 그렇군요. 그렇다면 당신의 주장도 당신 얘기일 뿐, 표준
이 될만한 근거는 아니라는 얘기네요.

프로타고라스: 헐.

프로타고라스와 소크라테스는 둘 다 탁월한 대화의 달인이다. 그
런데 둘의 대화법에는 중요한 차이가 있다. 프로타고라스는 자기 견
해의 논리적 전달에 집중하는 변호사형이고, 강력한 혀를 가진 인
물이다. 이에 반해 소크라테스는 검사에 가깝다. 변호사들의 교사였
던 프로타고라스를 자기모순에 빠지게 한 그의 대화법은 혀가 아니
라 매우 발달된 귀에서 나온다. 그의 대화법은 언제나 자기 앞에 있
는 사람의 말을 정확히 듣는 일에서 출발한다. 그는 상대가 뱉어내
는 말들의 오류만 잘 점검해도 진리를 향해 한 걸음 내딛을 수 있음
을 입증하려고 했다.

그러나 소크라테스에게도 프로타고라스에게도 공히 발견되는 한
계가 있다. 상대적 진리든 보편적 진리든, 혀에서 나오는 진리든 귀로
걸러내는 진리든 간에 이 대화법들은 '진리의 협업'을 모른다는 것이

그것이다. 이들은 탁월한 지성을 지닌 한 사람의 설득력 있는 언설과 논박의 힘에서 진리를 찾으려 한다. 그런데 불교에는 이와 관련해 전해지는 매우 의미심장한 말이 있다. '바보 셋 문수 지혜'라는 말이 그것이다. '문수보살(文殊菩薩)'은 지혜의 상징이지만, 바보 셋이라도 머리를 모으면 문수보살만큼의 지혜를 발휘할 수 있다는 뜻이다.

사회혁신가들이 공통적으로 미래 사회의 준비에 중요하다고 강조하는 네 가지 요소가 있다. '4C'라고 요약되는 이것들은 각각 창의성(creative), 비판적 사고(critical thinking), 협력(collaboration), 소통(communication)이다. 이 중 협력과 소통은 '귀'와 관련된 요소다. 이때 귀가 중시하는 것은 진리의 협업, 지혜의 협력이다. 한국 사회의 구성원들이 훈련받지 못해 가장 서툰 능력도 이 귀-협업·협력이다. 평화를 위한 협력이 절실한 분단사회를 살면서도 우리는 이 협업 능력을 도무지 키우질 않는다.

휴전선 근처, 사실상의 국경 지대에 서로를 마주하고 있는 '확성기'라는 시끄러운 사물이 있다. 반세기 넘게 '귀'는 없이 일방적으로 상대를 향해 쇳소리만 쏟아내는 이 '플라스틱 혀'는 당최 대화법이라는 것을 모른다. 이 사물은 지혜가 없을 뿐 아니라 진리의 협업, 평화의 연대에 대해서도 무지하다. 중요한 것은 혀를 '확성'하는 게 아니라 귀를 크게 여는 것이다. 분단의 장벽도 불안한 적대의 현실도 거기에서부터 개방될 수 있으리라는 사실에는 틀림이 없다.

코끼리를 삼킨 사물들

지은이   함돈균
그린이   마이자
펴낸이   박숙정
펴낸곳   세종서적(주)

주간   강훈
편집   이진아 김하얀
디자인   전성연 전아름
마케팅   안형태 김형진 이강희
경영지원 홍성우

출판등록 1992년 3월 4일 제4-172호
주소   서울시 광진구 천호대로132길 15, 세종 SMS 빌딩 3층
전화   마케팅 (02)778-4179, 편집 (02)775-7011
팩스   (02)776-4013
홈페이지   www.sejongbooks.co.kr
블로그   sejongbook.blog.me
페이스북   www.facebook.com/sejongbooks
원고 모집 sejong.edit@gmail.com

초판 1쇄 인쇄 2018년 3월 12일
     1쇄 발행 2018년 3월 23일

ⓒ 함돈균, 2018

ISBN 978-89-8407-692-1 03100

이 도서의 국립중앙도서관 출판시도서목록(CIP)은 서지정보유통지원시스템
홈페이지(http://seoji.nl.go.kr)와 국가자료공동목록시스템(http://www.nl.go.kr/kolisnet)에서
이용하실 수 있습니다.(CIP제어번호: CIP2018007437)

• 잘못 만들어진 책은 바꾸어드립니다.
• 값은 뒤표지에 있습니다.